Grazyna Fosar
Franz Bludorf

Status: Nicht existent

© Michaels Verlag 2008

Grazyna Fosar / Franz Bludorf
Status: Nicht existent

Covergestaltung und Layout: Studio fb authentic

ISBN: 978-3-89539-388-4

1. Auflage Februar 2008

Michaels Verlag
Ammergauer Str. 80
D-86971 Peiting
Tel.: 08861-59018, Fax: 08861-67091
www.michaelsverlag.de
E-mail: mvv@michaelsverlag.de

Grazyna Fosar
Franz Bludorf

Status:
Nicht existent

Antigravitation im Einsatz:
Weltraumverteidigung • Tarnkappentechnologie •
Mind Control

Mit 88 Abbildungen
und 4 Tabellen

Michaels Verlag

Bildquellennachweis

Archiv der Autoren: 1, 2, 3, 12, 13, 14, 18, 21, 29, 30, 46, 47, 48, 61, 63, 65; Australian Government Bureau of Meteorology: 4; State Library of Western Australia: 6, 8, 9, 10, 11, 15; Federation of American Scientists: 16, 56, 57, 58, 59; Wikipedia: 17, 60, 68, 69, 70; United States Patent and Trademark Office: 19, 20; Viktor S. Grebennikow: 22, 23, 24, 25, 26, 31, 32, 33, 34, 36; British Ministry of Defence: 35, 54; Jaime Maussan: 39; NASA: 40, 53; Pete Skeggs Superconductors and Gravity Shielding References and Experiments: 41; Holoscience.com: 42; Harvard University: 49; Louisiana School for Math, Science and Arts: 50; NASA / ESA / R. Massey (California Institute of Technology): 51, 52; National Security Agency: 62; RAF Cosford: 66; Ministry of Defence / DI55: 67, 73, 74, 76, 77, 78, 79, 80, 81, 82, 83, 87; Nature: 71; pro-physik.de: 72; University of Alaska Fairbanks: 75; European Launcher Development Organisation: 84; James Templeton: 85; Horacio Roquet: 86; Audrey Counsell / Archiv Autoren: 88; Internet: 5, 7, 27, 28, 37, 38, 43, 44, 45, 55, 64.

Inhalt

1

Schreiben Sie nicht an den Präsidenten!

Schreiben Sie nicht an den Präsidenten! Es ist möglich, daß er Ihnen nicht antworten kann, und zwar nicht deshalb, weil er gerade mit der Air Force One in wichtiger Mission unterwegs ist.

Während seiner Amtszeit veranlaßte der 42. US-Präsident Bill Clinton die Untersuchung zweier Vorfälle, die bis heute die Öffentlichkeit bewegen: Das Kennedy-Attentat und der angebliche Absturz eines extraterrestrischen Raumschiffs in Roswell, New Mexico, im Jahre 1947. Warum haben wir eigentlich nichts über die Ergebnisse dieser Untersuchungen erfahren?

Die Antwort ist denkbar einfach. Es gab keine. Mr. President wurde „stonewalled", wie die Geheimdienstler in ihrem Fachjargon sagen. Er erhielt die gewünschten Auskünfte nicht.

Wie das? Durften Militärs und Geheimagenten dem Präsidenten, dessen Befehl sie unterstehen, so einfach wichtige Informationen vorenthalten?

Sie durften. Präsident Bill Clinton hatte nicht die erforderliche *Security Clearance*, d. h. Sicherheitsfreigabe (s. S. 107).

Diese erschreckende Information entnahmen wir einer Studie, die vier hochkarätige amerikanische Wissenschaftler verfaßt haben[37]. Männer, die teilweise seit Jahrzehnten an Top-Secret-Projekten des Pentagon, der NSA und der NASA mitarbeiten. Alle vier Autoren der Studie sind nach wie vor im Amt und arbeiten derzeit u.a. an folgenden brisanten Projekten: Avantgardistische Raketenantriebssysteme, große Weltraumteleskope, weltraumgestützte Energiestrahlwaffensysteme, Kommunikationssysteme in den Bereichen SIGINT, IMINT und MASINT, Wachstum von Halbleiterkristallen unter Mikrogravitationsbedingungen, innovative Feuerungskontrollsysteme für die Artillerie und für Boden-Boden- bzw. Boden-Luft-Raketen. Unter diesen Voraussetzungen hat die genannte Studie es nicht nötig, auf der Ebene von Theorien über „Regierungsverschwörungen" zu operieren, wie es manche Ex-Offiziere tun, die nach ihrer Pensionierung mit spektakulären Enthüllungen an die Öffentlichkeit gehen. Diese Autoren sitzen direkt an der Quelle, und zwar jetzt, in diesem Moment!

Und sie kritisieren die Vorgehensweise der Geheimdienste auch gar nicht, sondern begrüßen sie sogar. Schließlich habe sich später herausgestellt, daß Bill Clinton durch Exzesse in seinem Privatleben erpreßbar gewesen wäre. Es wäre zu unsicher gewesen, ihm derart sensible Geheiminformationen anzuvertrauen. Leider – so die vier Wissenschaftler – würden gewählte Politiker nicht den gleichen Sicherheitsüberprüfungen unterzogen wie normale Geheimdienstmitarbeiter...

Man muß diese Sätze zwei Mal lesen, um die Tragweite zu verstehen. Für wen arbeiten Geheimdienste und Militär eigentlich, wenn sie unter Umständen nicht einmal dem höchsten Mann im Staate berichterstattungspflichtig sind? Gibt es tatsächlich eine Schattenregierung, die niemals vom Volk gewählt wurde? Oder laufen schwarze Projekte mittlerweile schon ganz ungehindert nebenher?

In diesem Buch werden wir Sie mit Fakten konfrontieren, die sich ebenfalls hinter „Stonewalls", also hinter nahezu undurchdringlichen Mauern, verbergen. Dabei werden wir auch auf die genannte Studie noch zurückkommen. Es geht darum, daß Geheimprojekte des Militärs zur Verteidigung der Erde gegen Angriffe aus dem Weltall offenbar längst im Gange sind.

SIGINT

Die US-Geheimdienste setzen zur Gewinnung geheimdienstlich relevanter Informationen unterschiedliche Methoden ein:

- HUMINT – Abkürzung für HUMan INTelligence, d. h. Spionagearbeit durch Agenten vor Ort. Diese Methode wird vor allem von der CIA praktiziert.
- SIGINT – SIGnals INTelligence. Diese Methode wird vor allem von der National Security Agency angewendet und umfaßt alle Arten von Informationen, die aus elektromagnetischen Signalen gewonnen werden. Dabei gibt es u.a. folgende Untergruppen:
  - COMINT – COMmunications INTelligence: Herausfiltern sprachlicher Daten aus elektromagnetischen Übertragungen von Telefonaten, E-Mails, Faxen etc. Dies umfaßt das Entschlüsseln der Daten (Kryptographie) und das Übersetzen aus fremden Sprachen.
  - ELINT – ELectronics INTelligence: Aufzeichnung elektronischer Signale (Radar, Radiosignale etc.) und Versuch, sie zu lokalisieren. Dies ist Voraussetzung, um COMINT-Informationen korrekt zuordnen zu können. Im Fall der Suche nach extraterrestrischen Signalen (SETI etc.) ist der Ort der Emission oft die einzige Information, die gewonnen werden kann.
  - IMINT – IMagery INTelligence: Auswertung elektronisch gewonnener Bilddaten (Satellitenfotos, Hubble-Teleskop-Aufnahmen etc.)
  - MASINT – Measurement And Signature INTelligence: Erfassung, Verfolgung, Klassifizierung und Identifizierung bewegter Objekte (z. B. Fastwalker im Orbit).

Die Öffentlichkeit erfährt davon natürlich nichts. Die amerikanische Studie begründet es auch – die Öffentlichkeit braucht davon nichts zu wissen!

Viele Menschen, gerade auch in unserem Lande, neigen in solchen Fällen dazu, an ihre gewählten Volksvertreter zu schreiben, um Aufklärung zu erhalten. Meist bekommen sie nur eine freundliche, aber nichtssagende Antwort aus der Feder irgendeines Büroleiters.

Jetzt wissen wir warum. Schreiben Sie also nicht an den Präsidenten, wenn Sie mehr über die geheimen Weltraumverteidigungsprojekte wissen wollen. Es ist durchaus möglich, daß Mr. President keine Ahnung davon hat!

Die Technologien sind schon im Einsatz. Das Militär verfügt über technische Anlagen, die zur Kommunikation mit Extraterrestrischen innerhalb des Geo-Transfer-Orbit (GTO, Erdentfernung zwischen 1.000 und 36.000 km) oder auch zur Abwehr von Angriffen aus dem Weltraum geeignet sind. Den Schlüssel dazu bildet eine Verbindung des Wissens über Antigravitation, Frequenzen, Biologie und hexagonale Formen. Derartige Technologien existieren tatsächlich, da sie aus dem Orbit auf der Erdoberfläche sichtbar sind. Was unsichtbar bleibt, ist die moderne Gravitationsforschung. Die befindet sich in einer anderen – vermutlich unterirdischen – Etage. Was jetzt bereits klar ist – durch fraktal-hexagonale Strukturen in Verbindung mit geeigneten Frequenzen läßt sich eine offensive Plattform in Richtung Weltraum errichten. Eine solche Militärbasis befindet sich in einer abgelegenen Region im Westen Australiens.

2

North West Cape

Es ist kaum zu glauben, aber unsere „Terra Incognita" kann uns immer noch mit etwas Neuem überraschen. Die moderne Satellitentechnik und das Internet machen es möglich, daß wir erst heute mysteriöse Gegenden auf unserer Erde entdecken, an denen schon seit Jahrzehnten noch mysteriösere Dinge geschehen.

■ **Abb.** 1 zeigt eine der geheimsten Top-Secret-Militärbasen Australiens - die *Naval Communication Station Harold E. Holt* am North West Cape an der Westküste des fünften Kontinents, kurz NAVCOMMSTA oder ganz einfach NORTH WEST CAPE genannt.

NORTH WEST CAPE ist eine von nur zwei VLF-Kommunikationsbasen Australiens. VLF = Very Low Frequency ist ein Frequenzbereich des elektromagnetischen Spektrums, der weltweit u. a. zur Kommunikation mit U-Booten eingesetzt wird.[20]

Die Basis besteht aus drei getrennten Arealen, Area A, B und C, und arbeitet zusammen mit der mindestens ebenso geheimen Basis PINE GAP im Innern des Kontinents, die oft auch als „australische Area 51" bezeichnet wird.

Eine hexagonale Basis

Wie man auf den ersten Blick schon erkennen kann, ist die Basis am NORTH WEST CAPE - gelinde gesagt - etwas ungewöhnlich. Sie besitzt eine mehrfach hexagonale Form, und das ist kein Design von Armani - das ist Design vom Militär!

Im Gegensatz zu den meisten anderen Militärbasen, deren Komponenten meist je nach Funktionalität über das Areal verteilt installiert werden, wurde hier erheblicher Wert gelegt auf die Form. Und das ist der Hammer! Militärs achten normalerweise nicht sonderlich auf die Schönheit der Formen oder auf futuristische Architektur, und es ist auch kaum anzunehmen, daß die Anlage den Benutzern von Google Earth zuliebe so konstruiert wurde. Beim Militär dient alles einem Zweck. Wie wir alle wissen, ist ein Hexagramm (und damit auch das Hexagon) eine ganz besondere Form, und vermutlich gerade diese Form ist es, die es den Betreibern der Basis ermöglicht, mehr damit zu tun, als es die offiziell verfügbaren Daten vermuten lassen.

Was ist sichtbar, was unsichtbar?

Um die Einsatzmöglichkeiten der Basis besser zu verstehen, müssen wir erst einmal das ganze Areal besser kennenlernen.

Area A umfaßt die drei Primärstrukturen: das VLF-Antennen-Array, das Transmittergebäude und die Energiezentrale. Hinzu kommt ein 315 Meter langer Navy-Pier in Point Murat (■ **Abb. 5**).

Das VLF-Array besteht aus 13 vertikal polarisierten Monopol-Antennen, die in zwei konzentrischen hexagonalen Ringen angeordnet sind. Wenn man aber die Struktur genauer betrachtet, kann man noch weitere kleinere, konzentrisch sich wiederholende Hexagonalstrukturen erkennen, ähnlich einem Fraktal..

Der zentrale Antennenturm (Tower Zero) ist 387 Meter hoch. Im inneren Hexagramm erreichen die Antennen 304 Meter Höhe und im äußeren 364 Meter. Der Durchmesser der Anlage beträgt etwa 2,4 km.

Um die Struktur von NORTH WEST CAPE besser zu erkennen, möchten wir Ihnen auch eine schematische Graphik der Anlage zeigen (■ **Abb. 3**).

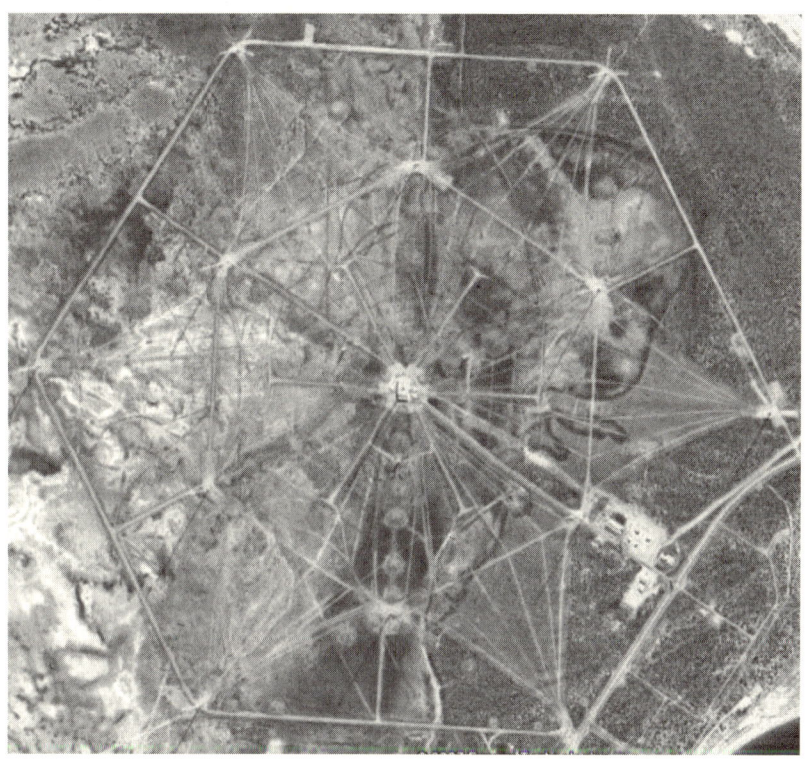

Abb. 1: Satellitenaufnahme der Naval Communication Station Harold E Holt, NORTH WEST CAPE, Australien

Die hexagonale Struktur der Basis auf der Erde arbeitet nicht allein. In etwa 30-40 cm Tiefe im Erdboden befindet sich unter der Anlage noch eine Erdungsmatte aus Kupfer.

A propos Kupfer: Kupferverkleidungen sind bekannt geworden im Zusammenhang mit der sogenannten TEMPEST-Technologie. Diese Technologie dient der Abschirmung (Abhörsicherheit), wie z. B. beim NSA-Hauptquartier in Fort Meade.[28]

Wir möchten hier nicht behaupten, daß am NORTH WEST CAPE auch TEMPEST-Technologie verwendet wurde. Es soll nur ein Hinweis sein, daß Kupfermatten nicht nur zu Erdungszwecken dienen müssen.

13

NORTH WEST CAPE

Abb. 2: Die Naval Communication Station Harold E Holt befindet sich an der Nordspitze des NORTH WEST CAPE in West-Australien.

Abb. 3: Schematische Darstellung der Anlage der Basis

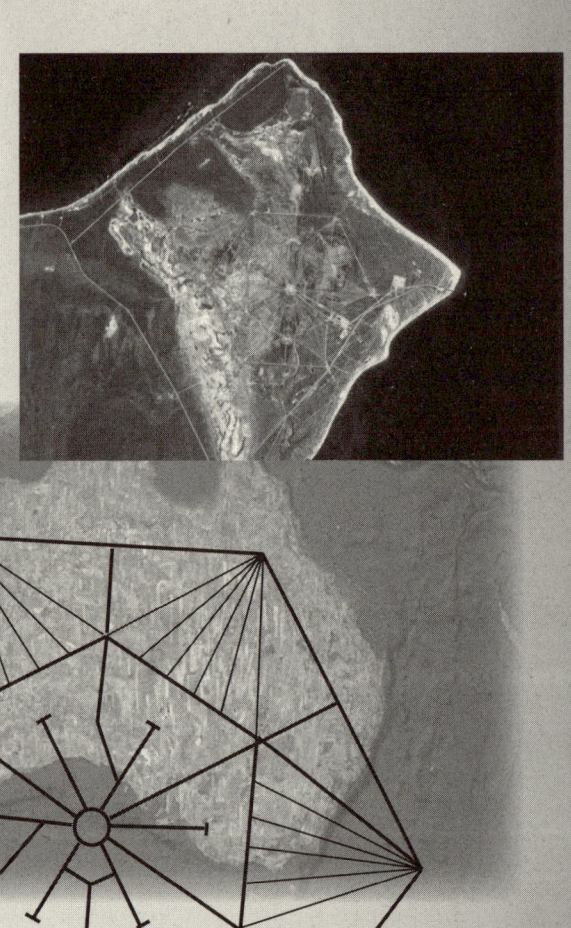

Zurück zum NORTH WEST CAPE. Das Transmittergebäude befindet sich in der Mitte der Anlage, und der zentrale Turm (Tower Zero) erhebt sich aus seinem Innern. Er war zur Zeit seiner Errichtung die höchste von Menschen gemachte Struktur auf der südlichen Halbkugel.

Damit das Zusammenspiel der geometrischen Formen der Basis perfekt wird, haben die einzelnen Antennentürme noch einen dreieckigen Querschnitt (■ **Abb. 6)**.

Die Sendeanlagen

Nach uns zugänglichen Informationen leisten die Energieanlagen in Area A etwa 18 Megawatt. Area B, der zentrale Part der gesamten Basis, etwa 8 km südlich von Area A gelegen, ergänzt das Kommunikationssystem durch eine HF-Übertragungsanlage (HF = Hochfrequenz). Der dritte Teil, Area C, liegt etwa weitere 50 km weiter südlich und enthält die HF-Empfänger. Die HF-Anlage dient der Kommunikation mit Schiffen. Offiziell werden die VLF-Anlagen in der hexagonalen Area A für die Kommunikation mit U-Booten verwendet. Wie wir von der Berliner Teddybär-Anlage her wissen (die angeblich auch zur

Abb. 4: Die riesigen Antennentürme beherrschen das Bild der öden Landschaft

15

U-Boot-Kommunikation dient), haben sich „U-Boote" als eine äußerst sensible Angelegenheit erwiesen. U-Boote müssen sehr oft dafür herhalten, wenn es etwas geheimzuhalten gilt.[25]

Die VLF-Anlage am NORTH WEST CAPE hat eine Ausgangsleistung von 2 Megawatt im Frequenzbereich von 14-18,5 kHz.

Dieser Frequenzbereich ist bekannt geworden durch ein Frequenzsignal mit Namen „Happy Holiday", das vor einiger Zeit durch einen privaten Berliner Radiosender auf die ganze Stadt ausgestrahlt wurde. Das Signal diente nachweislich zur technischen Bewußtseinskontrolle. Wir zitierten seinerzeit auch eine offizielle Aussage, daß die Ausstrahlung dieses Signals aufgrund einer Beratung durch eine „amerikanische Beratergesellschaft" zustande kam. Die Vorgabe der Amerikaner war es, „etwas im Bereich von 13,5-14,5 kHz auszustrahlen."[30]

Abb. 5: Der Navy-Pier in Point Murat

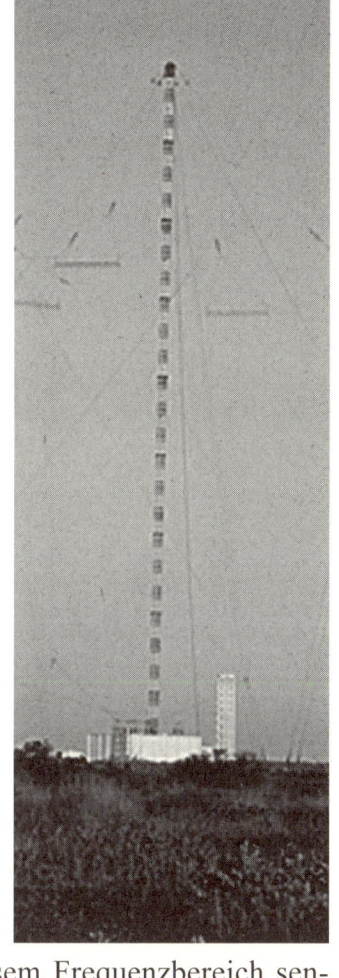

Abb. 6: Die Antennentürme haben eine dreieckige Struktur.

Abb. 7 (rechts): Der zentrale Turm (Tower Zero) erhebt sich aus der Mitte des Hauptgebäudes.

Im Fall der Berliner „Glücksfrequenz" ist es uns seinerzeit nicht gelungen, die exakte Modulationsfrequenz (Wobbelfrequenz) herauszubekommen.

Wir finden es schon bemerkenswert, daß die riesige Hexagonal-Anlage in Australien gerade in diesem Frequenzbereich sendet. Auf jeden Fall wirken solche Frequenzen bei geeigneter Modulation auf unser irdisches Bewußtsein euphorisierend, bei gleichzeitiger Herabsetzung der Kritikfähigkeit. NORTH WEST CAPE ist also auch zur Bewußtseinskontrolle bestens geeignet.

Kurze Geschichte der Basis NORTH WEST CAPE und die Rolle der USA
(laut offiziellen Quellen)

Die Basis wurde ab 1963 errichtet. Die Nutzungsrechte wurden den USA für 25 Jahre eingeräumt. Der nördliche Teil, Area A, diente den USA für die Kommunikation mit ihren Marinestreitkräften, zur Vervollständigung des weltweiten VLF-Netzwerks der USA.

Die erste Übertragung mit voller Leistung erfolgte im November 1966. Die offizielle Eröffnung fand im September 1967 statt. Im Dezember 1968 erhielt die Basis den Namen von *Harold E. Holt,* dem australischen Premierminister, der im Dezember 1967 unter niemals vollständig geklärten Umständen beim Schwimmen im Meer ums Leben kam. Die Station war seinerzeit die stärkste und größte unter den drei wichtigsten Basen der USA für die weltweite U-Boot-Kommunikation. Die anderen beiden befinden sich auf US-Territorium, in Jim Creek (Washington) und Cutler Creek (Maine).

Abb. 8 Luftaufnahme des Flughafens am NORTH WEST CAPE (Area B), 1967. Obwohl sich der Flughafen in einer fast menschenleeren Region befindet, ist seine Start- und Landebahn heute so ausgebaut, daß auf ihr Jumbo-Jets landen können.

18

Die Basis war mit 925 Mann besetzt, davon 400 Australier, der Rest Amerikaner. Für die Unterbringung der Mannschaft und ihrer Angehörigen wurde eine neue Stadt, Exmouth, gegründet, die 1966 knapp 3000 Einwohner hatte.

1992 wurde die Basis vertragsgemäß von den USA aufgegeben, das letzte Personal wurde im September 1993 abgezogen. Im Mai 1999 ging die Basis in den Besitz des Commonwealth Department of Defence über. Die Firma Boeing hat mittlerweile die Aufgabe übernommen, die Installationen betriebsbereit zu halten (130 Mann). Hinzu kommen für die eigentliche Nutzung der Station 24 Angehörige der australischen Marine, 12 zivile Mitarbeiter des australischen Verteidigungsministeriums und 13 Mann Sicherheitspersonal. Am NORTH WEST CAPE laufen derzeit auch zivile meteorologische Forschungsprojekte.

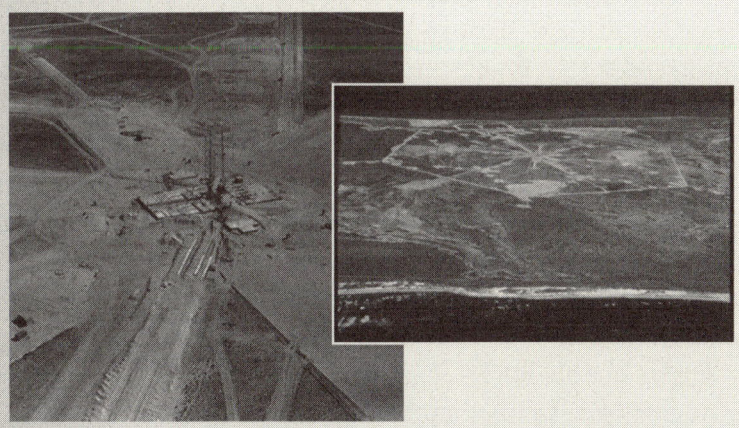

Abb 9 und 10: Bereits in den ersten Bauphasen der Basis (hier zwei Luftaufnahmen aus dem Jahre 1965) war die hexagonale Form der Anlage klar erkennbar.

Abb. 11: Im Innern des Kontrollraums von Area A.

In professionellen Kreisen wird die Basis am North West Cape oft als „offensive Plattform" bezeichnet, deren Zweck es sei, die Erde vor dem Eindringen extraterrestrischer Objekte zu schützen.

Ein Vorfall im All, von der „Discovery" gefilmt

Seit langer Zeit vermutet man, daß auf der Basis am NORTH WEST CAPE wie auch in PINE GAP Geheimprojekte ablaufen, die über die bloße Kommunikation hinausgehen. Grund für diese Vermutungen ist ein äußerst merkwürdiger Vorfall. Es handelt sich um einen kurzen Videofilm, den das Space Shuttle Discovery im September 1991 aufgenommen hat. Dieser Film wurde seinerzeit in Ostaustralien über einen Late Night News Channel ausgestrahlt, bevor er eiligst durch die militärische Zensur entfernt wurde. Bevor dies geschah, existierten jedoch weltweit schon zahllose private Videoaufzeichnungen des Clips, die bis heute zugänglich sind. Auch in Deutschland wurde der Film schon mehrfach gezeigt.

Das Video zeigt ein unbekanntes Flugobjekt in Erdnähe. Versuche der NASA, es zu einem „Eisbrocken" zu deklarieren, der sich von der Frontscheibe des Shuttles gelöst hatte, sind nicht überzeugend, da das Objekt in einem Moment eine

Der Discovery-Zwischenfall

Das Discovery-Video von 1991 zeigt ein hell leuchtendes Flugobjekt (■ Abb. 12, Pfeil), das sich etwa parallel zum Horizont bewegte und in einem Moment plötzlich in scharfer Kurve in Richtung Weltraum abdrehte und dabei beschleunigte. Die ungefähre Flugbahn ist auf dem oberen Bild durch die gestrichelte Kurve angedeutet.

Unmittelbar nach dem Wendemanöver ist zu sehen, wie von der Erdoberfläche aus in Richtung des Objekts mit einem Energiestrahl geschossen wurde (■ Abb. 13, unterer Pfeil).

Die Bahn des Strahls verlief etwa parallel zu der gestrichelten Linie. Das Objekt flog derweil schon mit hoher Geschwindigkeit von der Erde fort (■ Abb. 13, oberer Pfeil).

Abb. 12

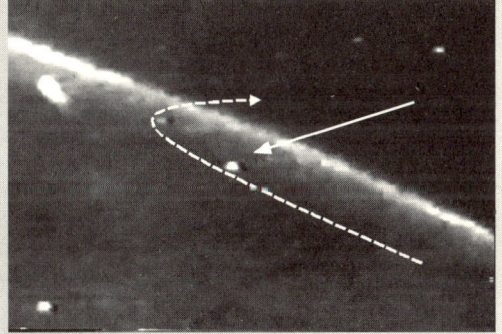

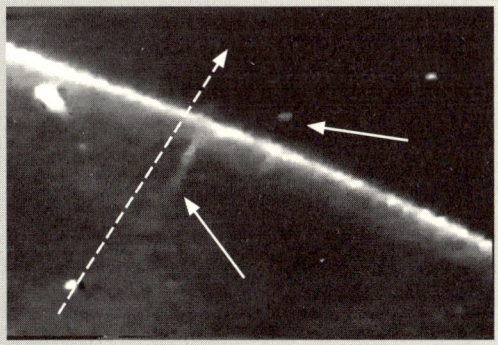

Abb. 13

abrupte Kehrtwendung vollführt und mit hoher Geschwindigkeit (Mach 285, also 285fache Schallgeschwindigkeit, 340.000 km/h) in Richtung Weltraum davonfliegt, ein „High-g-Manöver", das ein Eisbrocken natürlich nicht vollbringen kann und zu dem selbst heutige irdische Fluggeräte nicht fähig sind.

Unmittelbar nach dem halsbrecherischen Manöver sind zwei von der Erde kommende Energiestrahlen zu sehen, die exakt zwei Stellen treffen, an denen sich das Objekt kurz zuvor befunden hatte (■ **Abb. 13**). Es hat den Anschein, als ob das Objekt von der Erde aus mit Energiestrahlwaffen beschossen wurde. Es wird immer wieder behauptet, der Energiestrahl sei vom Territorium Australiens ausgegangen, obwohl dies auf dem Video nicht erkennbar ist. Es heißt, die Kameras der Discovery seien zur Zeit der Aufnahme in Richtung Australien ausgerichtet gewesen (offizielle NASA-Bestätigungen dafür sind uns nicht bekannt). Die Strahlen seien zurückverfolgt worden, und es habe sich ergeben, daß einer von PINE GAP, der andere vom NORTH WEST CAPE ausgegangen sei.

Es gibt Vermutungen, das Flugobjekt sei eine Test-Drohne gewesen, die im Laufe des Star-Wars-Projekts während einer Übung beschossen worden sei. Können die Amerikaner wirklich schon Drohnen bauen, die in Sekundenschnelle auf Mach 285 beschleunigen können? Und selbst wenn, so heißt das, daß NORTH WEST CAPE nicht nur harmlose Kommunikationsanlagen, sondern ganz offenbar auch Waffen beherbergt.

Welcher Art könnten diese Energiewaffen sein? Die Vermutungen hierüber gehen auseinander. Von ultravioletten Lasern ist da die Rede, von Plasma-Partikelbeschleunigern und von EM-Pulskanonen. Auch futuristische Hyperraumtechnologien wurden schon als Möglichkeit genannt. Dies kommt vermutlich der Wahrheit am nächsten. Solche Waffen könnten in unterirdischen Silos verborgen sein, die auf dem Gelände als Kuppeln erkennbar sind. Zweifelsohne sind nicht alle von ihnen Radome (Radarkuppeln).

Es wird auch die Möglichkeit diskutiert, ob das Flugobjekt auf dem Video ein irdisches UFO oder sogar ein extraterrestrisches UFO gewesen sein könnte.

In professionellen Kreisen wird die Basis am NORTH WEST CAPE oft als „offensive Plattform" zur Weltraumverteidigung bezeichnet, deren Zweck es sei, die Erde vor dem Eindringen extraterrestrischer Objekte zu schützen. Hier wird vor allem mit Antigravitationstechnik gearbeitet. Ähnliche Anlagen sind auch anderswo auf der Welt an abgelegenen Orten zu finden.

Weltraumverteidigung: North West Cape und Pine Gap

NORTH WEST CAPE ist mit zahlreichen Militärbasen in aller Welt vernetzt. Zusammen mit den beiden US-Basen in Jim Creek im Bundesstaat Washington und in Cutler Creek, Maine bildet NORTH WEST CAPE nach offiziellen Quellen ein weltweit lückenloses Marinekommunikationsnetz. Weniger offiziell gibt es aber auch eine Verbindung zur Geheimbasis PINE GAP im Innern Australiens.

Abb. 14: Australiens „Area 51" - die Militärbasis PINE GAP in der Nähe von Alice Springs in Zentralaustralien.

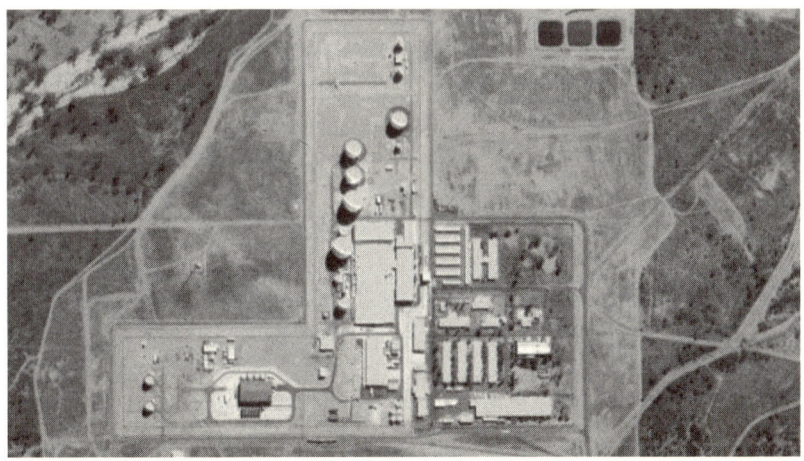

Abb. 15: Unterirdische Installationen auf der Marinebasis am NORTH WEST CAPE

Die verfügbaren Satellitenbilder zeigen vom NORTH WEST CAPE nur die riesigen Kommunikationsantennen und einige Versorgungsgebäude. Man kann aber davon ausgehen, daß die wesentlichen Installationen, darunter auch die Hauptenergiequellen, wie üblich unterirdisch angelegt sind.

Abb. 16: PINE GAP gehört zu den größten Basen im Rahmen des Geheimdienstprojekts ECHELON, wird aber von Fachleuten auch für waffentauglich gehalten.

Von PINE GAP ist noch weniger zu sehen, das Areal ist auf der Erde relativ klein, und die meisten Anlagen befinden sich unterirdisch. Doch die Bescheidenheit trügt. Einer der nahe gelegenen Hügel soll in Wahrheit eine perfekte Tarnung für ein riesiges Eingangstor bilden, das sich so weit öffnen kann, daß sogar große Helikopter hinein bis ins Innere fliegen können. Mehrere unterirdische Ebenen sollen sowohl irdische als auch geborgene extraterrestrische Objekte mit Antigravitationsfiltern und verschiedene transdimensionale Technologien beherbergen, so heißt es.[32] Offiziell wird die Basis unter dem Namen *„Joint Defense Space Research Facility"* (gemeinsame Weltraumverteidigungs-Forschungseinrichtung) von den Streitkräften der USA und Australiens in Kooperation betrieben.

Auch über PINE GAP gibt es nur wenige Informationen. Es wird jedoch vermutet, daß sich dort eine gewaltige unterirdische Antennenanlage befindet, schon aus dem Grund, weil die dort vorhandenen Energie- und Computeranlagen in ihrer Leistungsfähigkeit in keinem Verhältnis zu den oberirdisch sichtbaren Installationen zu stehen scheinen. Die Station hat direkte Verbindung zu Spionagesatelliten und zu den orbitalen Verteidigungsplattformen des Defense Support Program.[3] Diese wiederum werden mit der Beobachtung und Bekämpfung sogenannter Fastwalker-Objekte im Orbit und in der oberen Atmosphäre in Verbindung gebracht (unbekannte Weltraumobjekte, die mit großer Geschwindigkeit in die Erdatmosphäre eintauchen, hier eine Zeitlang operieren und dann wieder verschwinden.)[28] PINE GAP wird auch für geheimdienstliche Zwecke und weltweite Abhöraktionen genutzt. Die Basis gilt als eine der weltweit größten terrestrischen Installationen des Spionageprojekts ECHELON.

In professionellen Kreisen ist auch immer wieder die Rede davon, daß in PINE GAP riesige unterirdische ELF-Antennen installiert seien. ELF ist die Abkürzung für *Extremely Low Fre-*

Abb. 17: „Bis hierher und nicht weiter". Abschirmung der Basis PINE GAP zu Lande...

quency. Es handelt sich um elektromagnetische Längstwellen, die von gigantischen Schleifenantennen wie der Berliner „Teddybär"-Anlage[25], der Seafarer-Anlage am Clam Lake (Wisconsin)[25] und als Sekundäreffekt auch von Ionosphärenheizern wie HAARP[30] erzeugt werden (mehr darüber auch auf unserer Internet-Seite „Codename Teddybär" unter www.fosar-bludorf. com). ELF-Wellen haben ein hohes Durchdringungsvermögen und können die Erde fast verlustfrei durchqueren. Sie stehen sowohl mit der Erde als auch mit dem menschlichen Gehirn in Resonanz und können für Spionagezwecke, aber auch zur Bewußtseinskontrolle eingesetzt werden.

Betrachtet man PINE GAP über Google Earth, so kommt ein kleines Popup-Fenster hoch, in dem darauf hingewiesen wird, daß die australische Regierung beantragt hat, die Daten dieser Region unscharf zu machen, so daß die Betrachtung hochauflösender Details dann nicht mehr möglich sein wird (notabene:

Abb. 18: ... und im Internet. Australiens Regierung plant, die Satellitenaufnahme von PINE GAP bei Google Earth unkenntlich machen zu lassen.

Australian government wants to censor this image - Pine Gap - Aug 8, 2005

The Australian government wants Google Maps to remove this image and this image from their database. Pine Gap, near Alice Springs, employs nearly 1,000 people, mainly from the Central Intelligence Agency and the National Reconnaissance Office. Originally codenamed MERINO, it is the ground station for a satellite network that intercepts telephone, radio, data links, and other communications around the world. The facility currently includes a dozen radomes, a 5,600 square meter computer room, and 20-odd service and support buildings. Two of its ground antenna are part of the U.S. Defense Satellite Communications System.

In 1988 a new 10-year lease for the US facilities was signed by then Prime Minister Bob Hawke. The agreement specified a three-year notification period which required the Australian government to give notice in 1995 to close both Nurrungar and Pine Gap in 1998, when the leases come up for renewal. Australia arranged to have greater access to the information collected by the bases. When Nurrungar closed in 2000, some Nurrungar hardware and personnel was moved to Pine Gap.

US006961025B1

(12) **United States Patent**
Chethik et al.

(10) Patent No.: **US 6,961,025 B1**
(45) Date of Patent: Nov. 1, 2005

(54) **HIGH-GAIN CONFORMAL ARRAY ANTENNA**

(75) Inventors: **Frank Chethik**, Palo Alto, CA (US); **Richard Breen, Jr.**, Fremont, CA (US)

(73) Assignee: **Lockheed Martin Corporation**, Bethesda, MD (US)

(*) Notice: Subject to any disclaimer, the term of this patent is extended or adjusted under 35 U.S.C. 154(b) by 85 days.

(21) Appl. No.: 10/643,817

(22) Filed: **Aug. 18, 2003**

(51) Int. Cl.[7] H01Q 13/00
(52) U.S. Cl. 343/786; 343/705; 343/876
(58) Field of Search 343/705, 757, 343/853, 876, 844, 786

(56) **References Cited**

U.S. PATENT DOCUMENTS

5,220,330 A	*	6/1993	Salvail et al.	.... 342/62
5,347,287 A	*	9/1994	Speciale	.... 342/375
5,818,393 A	*	10/1998	Fowler et al.	.... 343/705
6,404,404 B1	*	6/2002	Chen et al.	.... 343/844

6,728,554 B1	*	4/2004	Wegner	.... 455/562.1

FOREIGN PATENT DOCUMENTS

US		EP 1003241 A1	*	11/1999	.... H01Q 19/08

* cited by examiner

Primary Examiner—Shih-Chao Chen
(74) *Attorney, Agent, or Firm*—McDermott Will & Emery

(57) **ABSTRACT**

An antenna array system comprising a plurality of antenna elements organized in an array and configured to form a non-planar shaped antenna array surface. The antenna array system further comprises switching circuitry configured to switch each of the plurality of antenna elements on or off based on control signals. In one embodiment, the antenna array system is configured such that the antenna beam direction can be steered in a first direction by switching on a first set of antenna elements, and the antenna beam direction can be steered in a second direction by switching on a second set of antenna elements. In one embodiment, the second set of antenna elements can include one or more antenna elements from the first set of antenna elements, or the second set of antenna elements may not include any antenna elements from the first set.

35 Claims, 11 Drawing Sheets

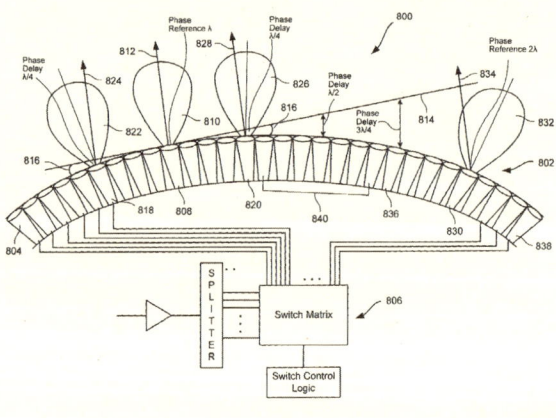

Abb. 19 (oben) und 20 (rechte Seite): Eine US-Patentschrift beschreibt Antennencluster, die nach Art von Bienenwaben hexagonal angeordnet sind.

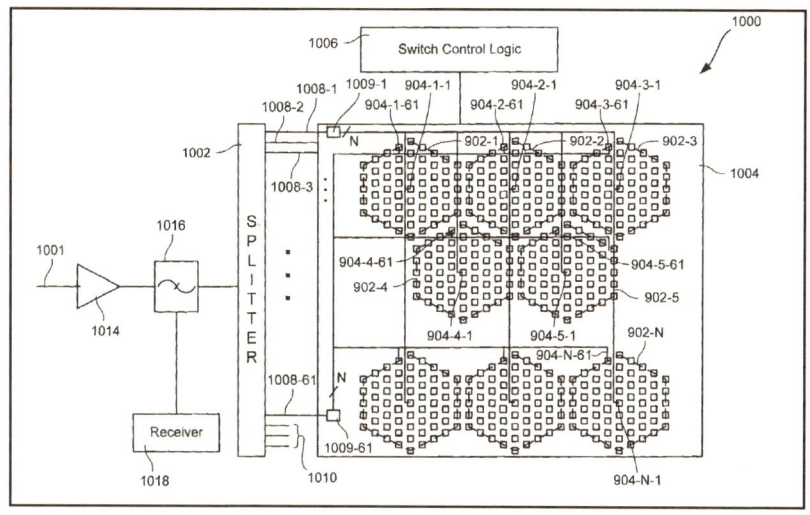

Das Areal der HAARP-Anlage in Alaska ist auch schon längst unscharf gemacht worden).

Um die besondere Rolle der hexagonalen Basis NORTH WEST CAPE für Hyperraumtechnologien und Einflüsse auf das menschliche Bewußtsein besser einschätzen zu können, müssen wir uns mit zwei Aspekten etwas detaillierter beschäftigen. Der erste sind generell hexagonale Antennenstrukturen, der zweite (wir wissen, daß Sie vielleicht jetzt noch darüber staunen werden), sind Bienen und ihre Bienenstöcke und Bienenwaben.

Hexagonale Antennenstrukturen

Hexagonale Anordnungen von Antennen sind in der Antennentechnik bekannt. Wie aus einem wissenschaftlichen Papier hervorgeht, das auf dem 5. Internationalen Symposium zum Thema „Wireless Personal Multimedia Communications" im Jahre 2002 veröffentlicht wurde, kann durch eine solche Anordnung die Fokussierung eines Richtstrahls verbessert werden, was besondere Bedeutung für die dauerhafte Kommunikation mit schnell bewegten Objekten hat.[11] In solch einem Fall muß ja die Richtung des Strahls fortwährend nachkorrigiert werden. In der technischen Erprobung soll sich dabei die hexagonale Anordnung eines Antennen-Arrays bewährt haben.

Das US-Patent 6,961,025 vom 1. 1. 2005 („High-gain conformal array antenna") beschreibt sogar eine noch komplexere Struktur, in der ganze Arrays von hexagonal angeordneten Antennenelementen nach Art von Bienenwaben zusammengeschaltet werden (■ **Abb. 20**). Mit dieser Anordnung kann, so die Patentschrift, die Notwendigkeit ständiger Phasenverschiebungen bei der Anpeilung bewegter Objekte vermieden werden.

Eigentlich müßten die offiziellen Stellen des Militärs jetzt in Erklärungsnot kommen. Wenn es der Zweck einer hexagonalen Antennenstruktur ist, mit schnell bewegten Objekten zu kommunizieren, dann ist diese Bauweise auf einer Marinebasis schlichtweg unsinnig. Wie jeder Mensch weiß, bewegen sich Schiffe und U-Boote vergleichsweise langsam. Und wenn die hexagonale Form aus irgendeinem uns unbekannten Grund dennoch für die U-Boot-Kommunikation nötig wäre – weshalb haben dann die zwei anderen Marinekommunikationsbasen in den USA, in Jim Creek und Cutler Creek, nicht auch diese Form?

Aber Kommunikation ist ohnehin nur die einfache Erklärung, die wir aber im Hinterkopf behalten sollten, wenn wir uns jetzt einer etwas komplexeren zuwenden. Es ist nämlich durchaus möglich, daß die hexagonale Form tatsächlich aus einem ganz anderen Grund gebraucht wird – um nämlich ein ganz bestimmtes „Mikroklima", genauer: ganz spezifische physikalische Bedingungen für den Betrieb anderer Technologien auf der Basis herzustellen. Und damit kommen jetzt die Bienen ins Spiel...

3

Antigravitation und Tarnkappentechnologie

Die ungewöhnliche Form der Militärbasis am NORTH WEST CAPE macht es erforderlich, daß wir uns genauer mit hexagonalen Strukturen beschäftigen. Das bedeutet, wir müssen uns zunächst einmal mit den Bienen auseinandersetzen. Es mag in diesem Kontext etwas exotisch klingen, aber die bekannteste hexagonale Struktur in der Natur ist nun einmal die Bienenwabe (■ **Abb. 21**).

Und was haben Bienen mit dem Militär zu tun? Sie haben zumindest etwas gemeinsam - ein Interesse an Gravitation, Antigravitation und Gruppenbewußtsein.

Die wahre Natur der Gravitation und damit auch der Antigravitation ist bis heute offiziell nicht zu Ende geklärt. Die meisten Untersuchungen und Experimente verlassen selten die Laboratorien der NASA. Es ist aber klar, daß sich in unserem irdischen Luftraum schon seit Jahrzehnten Objekte bewegen, die sich die Gesetze der Gravitation zunutze zu machen scheinen.

Im Gegensatz dazu werden Wissenschaftler, die sich mit der Antigravitation beschäftigen, bis heute in der Regel mundtot gemacht. Man darf nicht zu nahe an dieses Wissen kommen, weil die Konsequenzen von immensem militärischem Interesse sind - und die, die es brauchen, haben es längst verfügbar. So geschah es z. B. mit Eugene Podkletnov, dessen Antigravitationsexperimente nach einem Zeitungsinterview spurlos verschwanden. Er selbst wurde fristlos gekündigt (Mehr dazu im Kapitel „Die Gravitation entläßt ihre Kinder" sowie im Buch „Vernetzte Intelligenz"[29]).

Es ist kaum bekannt, daß in den neunziger Jahren des 20. Jahrhunderts ein russischer Wissenschaftler, Viktor Stepanowitsch Grebennikow, eine Reihe wichtiger Experimente durchgeführt hat, die für ein Verständnis der Gravitationskräfte von immenser Bedeutung sind. Er wurde damit zum Entdecker der *Antigravitation in biologischen Strukturen.*[9]

Geheimnisse im Bienenstock

Grebennikow entdeckte seinen Antigravitationseffekt durch einen Zufall. Eines Tages befand er sich an einem ausgetrockneten See in Sibirien und stand auf einer teils abgebrochenen Böschung.

Abb. 21: Hexagonale Bienenwaben

Viktor Stepanowitsch Grebennikow (1927 – 2001)

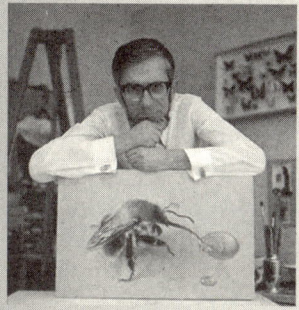

Abb. 22: V. Grebennikow

Viktor Stepanowitsch Grebennikow war Entomologe (Insektenforscher), Astronom, Maler und Schriftsteller. Er war wissenschaftlicher Mitarbeiter der Agrarakademie in Sibirien. In seinen wissenschaftlichen Arbeiten beschäftigte er sich hauptsächlich mit dem Leben der Insekten und mit Naturreservaten. Zusätzlich, fast durch einen Zufall, wurde jedoch das Thema Antigravitation und die Entdeckung der Quasi-Unsichtbarkeit in einer Zone kompensierter Gravitation seine wichtigste wissenschaftliche Leistung. Er war der Entdecker des CSE-Effekts (Cavity Structural Effect, russisch: Effekt Polostnych Struktur = EPS). Es handelt sich um einen Antigravitationseffekt im Bereich biologischer Strukturen. Er konstruierte auch einen Antigravitations-Flugapparat, das Grawitolot.

Viktor Grebennikow war lange Zeit Gefangener in einem stalinistischen Straflager in Sibirien, und erst später konnte er seinen wissenschaftlichen Interessen nachgehen.

Für seine wissenschaftliche Arbeit im Bereich der Gravitation, Antigravitation und der Energie der Form kam Grebennikow in Rußland auf eine sogenannte schwarze Liste der Wissenschaftler. Er arbeitete in der Provinz und hatte „kein Recht auf große Entdeckungen". Diese russische „schwarze Liste der Wissenschaftler" ist weltweit ein Kuriosum. Auf ihr befinden sich auch solche Namen wie Gennadij Schipow (Theorie der Torsionsfelder) oder Vlail Kasnatschejew (viele bedeutsame Entdeckungen, die nicht zur sowjetischen Doktrin paßten). Erst nach seinem Tod wurde Grebennikow durch Jurij N. Tscherednitschenko, Mitglied der Medizinischen Akademie, in einem auf Englisch veröffentlichten Artikel offiziell als bedeutender Entdecker geehrt.

In einem Moment fühlte er sich plötzlich, als ob er in eine schwarze unendliche Tiefe fallen würde, um dann – ebenso plötzlich – in Richtung des Himmels nach oben katapultiert zu werden. Vor seinen Augen blitzten verschiedenfarbige Blitze auf, und in seinem Mund fühlte er einen galvanischen Geschmack. Nach dem ersten Schock bewegte sich Grebennikow ein paar Schritte abseits, und alles kam zu einem normalen Zustand zurück.

Grebennikow konnte keine rationalen Gründe für diesen merkwürdigen Effekt finden. Allerdings war der Erdboden, auf dem er stand, fast ganz mit Bienenstöcken gepflastert. Es waren hauptsächlich Bienen der Gattung *Halictus quadricinctus*.

Die Brutzellen aus den Bienenstöcken, die der Wissenschaftler mit sich ins Labor nahm, riefen bei ihm bei genauerer Untersuchung schon wieder ähnliche Effekte wie am See hervor.

Bei verschiedenen Untersuchungen im Labor empfanden anwesende Personen unterschiedliche Symptome: Krämpfe und ein Stechen in den Händen und am ganzen Körper, dazu Schwindelgefühle, Kreislaufstörungen und eine große Schwere in den Händen, die sich mit übergroßer Leichtigkeit abwechselnd zeigte.

Unglücklicherweise zeigten alle physikalischen Instrumente keinerlei Strahlung oder sonstige Abweichungen von der Norm in der Umgebung an.

Grebennikow versuchte festzustellen, ob sich ähnliche Effekte zeigen würden, wenn die Strukturen der Bienenstöcke (Waben) nicht natürlichen Ursprungs wären. Er testete die Wirkung analoger (hexagonaler) Strukturen aus Papier, Holz, Kunststoff und Metall.

Die Effekte waren gleich.

Mit Hilfe verschiedener Materialien stellte Grebennikow fest, daß die Ursache für die ungewöhnlichen Effekte von mehreren Faktoren abhing: Von der Größe, der Form, der Anzahl und der gegenseitigen Konfiguration der Öffnungen in den Zellen, die aus einem beliebigen festen Material hergestellt waren.

Er nannte den Effekt *Cavity Structural Effect* (Hohlraumstruktur-Effekt, CSE).

Der Cavity Structural Effect und seine Wirkung

In Langzeituntersuchungen stellte Grebennikow fest, daß sich in einer CSE-Zone Insekten anders (als normal) benehmen und Pflanzen langsamer auskeimen.

Man kann die Wirkung von CSE nicht abschirmen.

Abb. 23: Viktor Grebennikow unter seinem medizinischen CSE-Apparat.

Der Effekt wirkt auf lebendige Organismen durch dicke Wände, dicke Metallplatten und andere Materialen. Mit größerer Entfernung wird die Wirkung von CSE nicht kontinuierlich kleiner, sondern erzeugt eine Reihe von Schichten, die einen Bienenstock einhüllen. Ein konzentrierter Strahl von CSE wirkt auf einen lebendigen Organismus stärker, wenn er in Richtung gegen die Sonne gerichtet ist, oder in Richtung Erde.

Grebennikow konstruierte einen Generator für die CSE-Kraft. Unter bestimmten Umständen kann dieser Apparat jedoch für den Benutzer gefährlich werden. Aus diesem Grund hat der Wissenschaftler vor seinem Tod das Gerät zerstört. Die CSE-Energie kann auch zu medizinischen Zwecken benutzt werden, so kann z.B. ein Gerät mit vier Rahmen, die aufein-

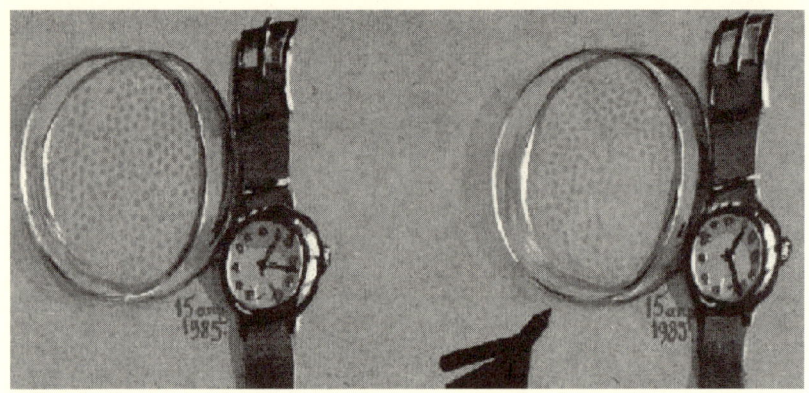

Abb. 24: Experimente beweisen es: Der CSE-Effekt beeinflußt auch die Ganggenauigkeit von Uhren, sowohl mechanischen als auch elektronischen.

ander liegen und leere hexagonale Strukturen enthalten, zur Neutralisierung von starken Kopfschmerzen dienen. Für dieses Gerät erhielt Grebennikow ein Patent, und bis heute wird es in vielen russischen Krankenhäusern benutzt.

Sehr interessante Ergebnisse bekam Grebennikow bei der Untersuchung der Wirkung der CSE-Energie auf die Zeit. Es zeigte sich, daß es im Fall der Benutzung eines CSE-Generators zu lokalen Zeitanomalien kommen kann.

Während einer Untersuchung von Strukturen aus Chitin, mit denen Insektenflügel bedeckt sind, entdeckte Grebennikow, daß bei manchen Insekten an den Unterseiten der Flügel die gleichen hexagonalen Strukturen auftreten wie im Bienenstock (■ **Abb. 25** und **26**). Diese Strukturen waren mehrschichtig und hatten meist auch elektrostatische Eigenschaften. Aufeinandergelegt konnten sie die Rolle eines Emitters von CSE-Energie spielen. In diesem Moment erst entdeckte Grebennikow, was CSE wirklich bewirken kann, *nämlich einen lokalen Antigravitationseffekt*: Testobjekte begannen oberhalb der Insekten-

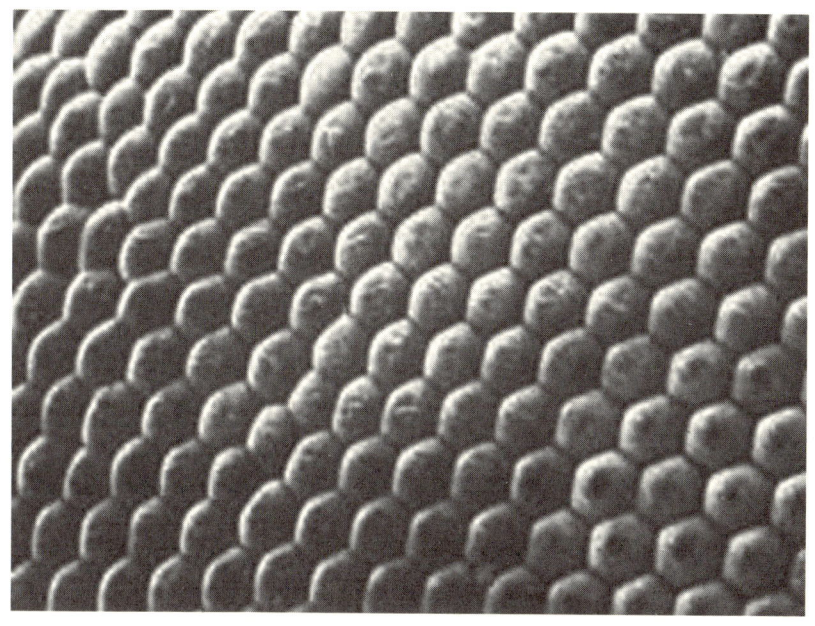

Abb. 25 und 26: Multizellstrukturen an den Chitinflügeln von Insekten, mit dem Elektronenmikroskop hundertfach (oben) und tausendfach (unten) vergrößert.

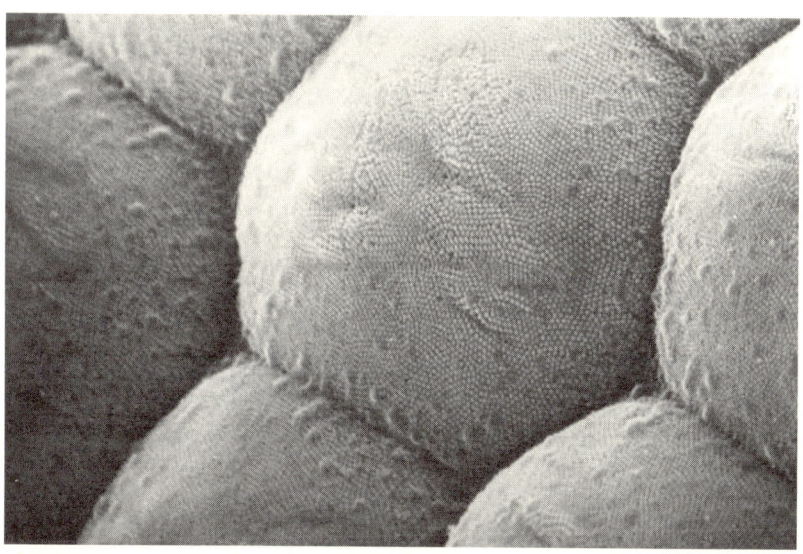

Abb, 27 und 28: Auch Insekten mit relativ gedrungenen Körperformen (Hummel, Marienkäfer) können fliegen – entgegen allen Regeln der Aerodynamik!

Mikrostrukturen zu levitieren. Manche wurden sogar zeitweise unsichtbar.

Diese Entdeckung erklärt auch ein lange ungelöstes Rätsel der Biologie. Es gibt zahlreiche Insektenarten, die aufgrund ihrer recht plumpen Körperformen eigentlich nicht flugfähig sein dürften, z. B. die Hummel. Und dennoch kann jeder Mensch beobachten, daß Hummeln fliegen können. Nutzen sie dazu etwa die Antigravitationswirkung des CSE-Effekts?

Entscheidend für den Levitationseffekt bei Grebennikows Experimenten war zum einen die Anzahl der Mikrostrukturen, zum anderen auch ihre Geometrie. Je mehr Seiten eine solche Struktur hatte, desto stärker war der Effekt.

Diese beiden Faktoren sind die Erklärung dafür, weshalb CSE gerade bei hexagonalen Strukturen auftritt. Um auf möglichst kleinem Raum optimal viele Mikrostrukturen unterzubringen, ist es notwendig, daß man sie ohne Zwischenraum nebeneinander anordnen kann.

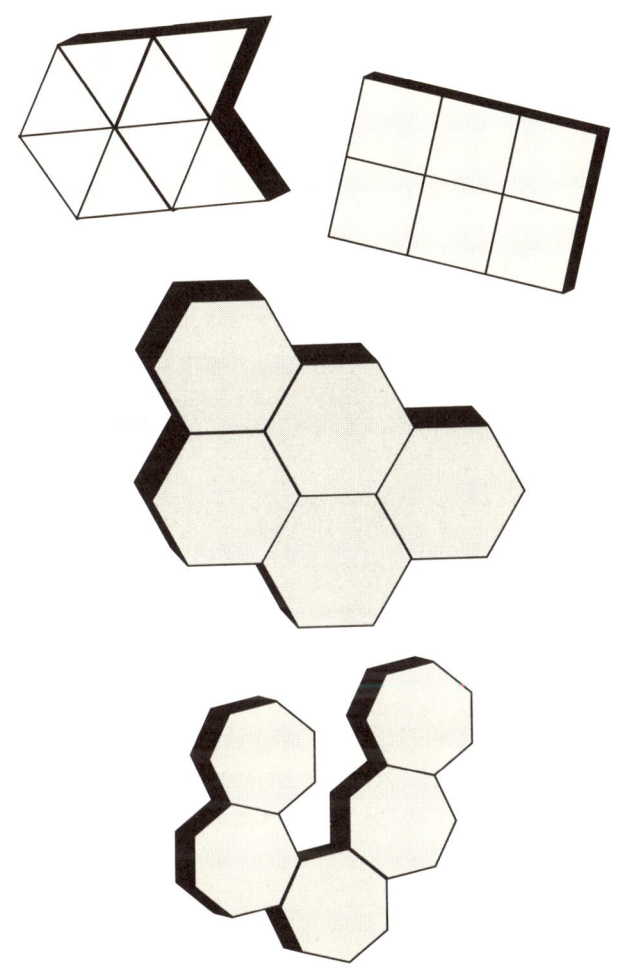

Abb. 29: Dreiecke, Vierecke und Sechsecke lassen sich auf beliebig großer Fläche lückenlos aneinanderlegen. Wie man sieht, funktioniert das beim Siebeneck (unten) nicht mehr. Das Sechseck (Hexagon) ist das Vieleck mit der größtmöglichen Seitenzahl, das noch lückenlos aneinander paßt.

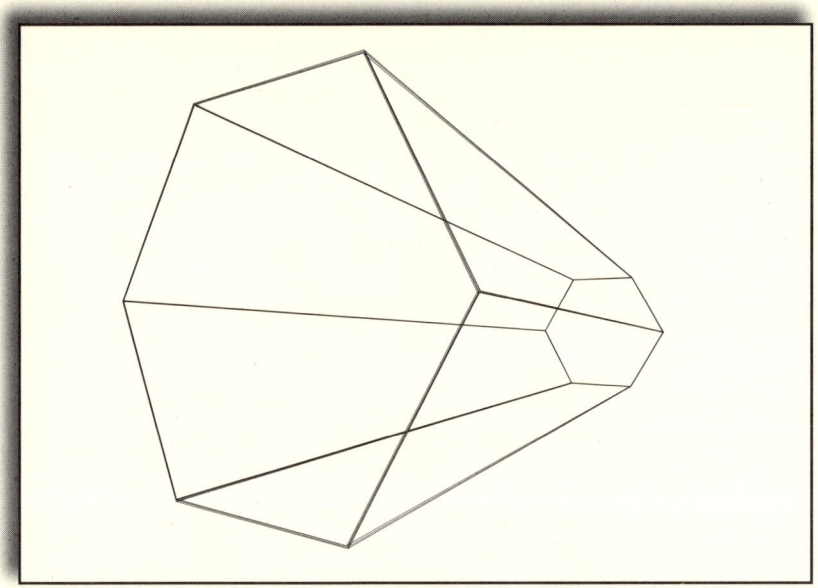

Abb. 30: Zur Erzielung des CSE-Effekts ist es notwendig, daß sich der Querschnitt der hexagonalen Röhre konisch verjüngt.

Das ist natürlich auch mit drei- oder viereckigen Strukturen möglich, doch diese haben dann zu wenig Seiten. Das Sechseck (Hexagon) ist die geometrische Form mit den meisten Seiten, die sich noch lückenlos aneinanderreihen läßt. Hexagonale Strukturen sind also für die Erzielung des CSE-Effekts optimal geeignet.

Eine weitere Voraussetzung für den CSE-Effekt war es, daß sich die hexagonalen Röhrenstrukturen („Waben") zu einem Ende hin konisch verjüngen, also eine Form mit immer kleiner werdendem Querschnitt haben. Exakt solche konischen Strukturen lassen sich unter dem Mikroskop bei Insektenflügeln beobachten.

Die gleichen sich konzentrisch verkleinernden Sechseckstrukturen finden wir auch im Grundriß der Marinebasis am NORTH WEST CAPE. Das bedeutet, daß auch dort Antigravitationseffekte auftreten müßten. Aller Wahrscheinlichkeit nach wird dieser Effekt dort natürlich gezielt hervorgerufen und eingesetzt.

Die Antigravitations-Plattform

Grebennikows Experimente resultierten schließlich in der Konstruktion eines Apparats, der zum Fliegen geeignet war. Grebennikow nannte ihn *Antigravitations-Plattform* oder *Grawitolot* (■ **Abb. 31**). Sie war aus Holz und Metallelementen konstruiert, die (so weit man heute noch weiß) mit einer Konstruktion elektromagnetischer Natur verbunden war. Das Hauptelement der Plattform war ein Multipanel, das mit einer bestimmten Kombination und Konfiguration von Mikrostrukturen nach dem Vorbild der Insekten in einer passenden (Größenordnungs-) Skala belegt wurde.

Diese Elemente funktionierten ähnlich wie eine Jalousie (■ **Abb. 34**). Sie waren verschiebbar und konnten in unterschiedlichen Winkeln aufgestellt werden.

Abb. 31: Grebennikows Flugapparat, die „Antigravitations-Plattform" (Grawitolot)

41

Abb. 32 und 33: Diese einmaligen Fotodokumente beweisen: Viktor Grebennikow konnte sich mit seiner Antigravitations-Plattform tatsächlich in die Luft erheben. Der unterschiedliche Schattenwurf auf den beiden Fotos läßt es klar erkennen.

Auf dem linken Bild steht die Antigravitations-Plattform ganz eindeutig noch auf der Erde. Auf dem Bild rechts dagegen kann man deutlich sehen, daß Grebennikow schon abgehoben hat.

Daß die Fotos überhaupt öffentlich zugänglich sind, ist nur der Tatsache zu verdanken, daß sie bereits vor dem Verbot von Grebennikows Buchmanuskript einmal in einer russischen Zeitschrift abgedruckt worden waren. Die Fotos entstanden Anfang der Neunziger Jahre in Rußland und haben natürlich keine Digitalqualität. Sie haben aber außerordentliche Bedeutung als wissenschaftliche Beweise, daß Grebennikows Experimente auf Tatsachen beruhen

Die Plattform erzeugte eine Art von Gravitationskokon um sich. Das Gerät flog auf dem Prinzip, daß es vor sich eine Raum-Zeit-Blase öffnete und hinter sich wieder schloß. Der Flug war vollkommen geräuschlos, und es wurde kein herkömmlicher Treibstoff benötigt. Die Plattform bewegte sich bis in eine Höhe von ca. 300 m und konnte eine Geschwindigkeit von 1500 bis 2400 km/h entwickeln. Mit diesem Apparat gelang es Grebennikow tatsächlich, sich selbst in die Luft zu erheben und mehrere Flüge durchzuführen. Diese Experimente sind fotografisch dokumentiert (■ **Abb. 32** und **33**).

Grebennikow konnte unterschiedliche Experimente bei seinen Flügen präzise bewerten. Er schrieb: *„In meinen Ohren höre ich, während ich fliege, keinen Wind. Die Plattform erzeugt ein abschirmendes Gravitationsfeld, das sie von der Erdgravitation isoliert. In der ersten Zeitphase des Fluges geht meine Uhr schneller, am Zielort geht sie normal im Vergleich mit anderen Uhren. Vor meinen Augen sehe ich verschiedenfarbige Lichtimpulse, wie Blitze. Meine Plattform ist teilweise für den Beobachter von außen unsichtbar ... Ich meine, daß eine Antigravitationsplattform in Form eines Dreiecks effektiver wäre, ich konstruierte meine viereckig, das ist für mich praktisch, es sieht wie ein kleiner Koffer aus, ich kann sie bequem zusammenklappen und öffnen."*

Die Resultate seiner wissenschaftlichen Forschungen faßte Grebennikow in einem Buch unter dem Titel „Moi Mir" („Meine Welt") zusammen. In der ersten Version des Manuskripts waren alle Konstruktionsdaten des Flugapparats detailliert enthalten. Eine Veröffentlichung wurde ihm allerdings verboten (und zwar 1992, also schon nach der Wende in Rußland!). Um das Buch überhaupt herausbringen zu können, mußte er weite Passagen streichen oder umformulieren. Zahlreiche Konstruktionszeichnungen und Fotodokumente mußte er entfernen. Er ersetzte sie durch harmlose Zeichnungen von Schmetterlingen, mit denen das Buch geradezu übersät ist.[31]

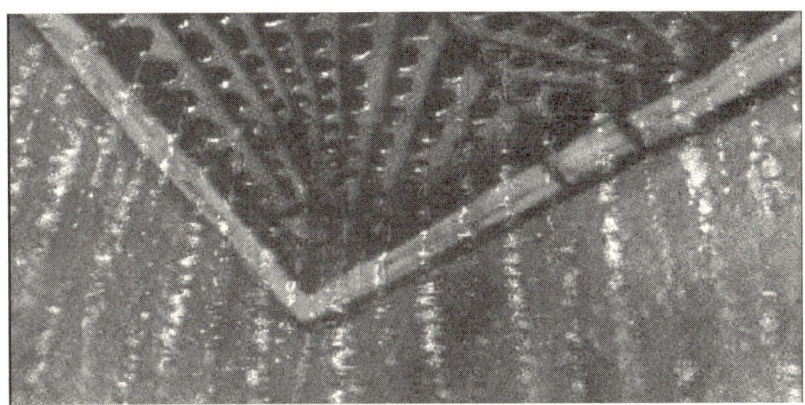

Abb. 34: Diese Originalaufnahme der Unterseite der Antigravitations-Plattform von Viktor Grebennikow läßt die jalousieartige Wabenstruktur erkennen.

Antigravitation als Tarnkappentechnologie

Wer Grebennikows Wissen in Rußland bekommen sollte, hat es bereits bekommen. Andere dürfen es offenbar nicht wissen. Das wird verständlich, wenn man bedenkt, daß CSE Basis für hochsensible militärische Anwendungen sein kann. Dazu gehört nicht nur die Antigravitation, sondern auch eine ganz neuartige Tarnkappentechnologie.

Hierzu schrieb Grebennikow: *„Alle Antigravitationsplattformen haben etwas gemeinsam – sie sind für die Menschen in unterschiedlichen Formen sichtbar oder sogar unsichtbar. Einer gewissen ‚Transformation‘ unterliegen auch die Piloten. Sie können als ‚humanoide Wesen mit großen Augen‘ gesehen werden, als ‚zweidimensionale Wesen‘, als ‚sehr kleine Wesen‘ usw. Ich halte es für möglich, daß alle diese ‚Wesen‘ keine Außerirdischen sind, sondern - temporär - optisch für den Beobachter von außen deformierte irdische Piloten, die die Antigravitationsfilter (Plattformen) testen.“*

Beobachter gaben zu Protokoll, daß Grebennikow und sein Flugapparat, sobald sie nach dem Start ihre Flughöhe und Reisegeschwindigkeit erreicht hatten, allmählich unsichtbar wurden. Statt dessen sahen die Beobachter eine Lichtkugel, zuweilen auch ein scheibenförmiges Objekt oder eine scharf begrenzte Wolke. Sobald Grebennikow zur Landung ansetzte, wurde er allmählich wieder sichtbar.

Ähnlichkeiten mit zahllosen Sichtungen von UFOs dürften kein Zufall sein und führten in einem Fall sogar zu einer lustigen Verwechslung, als die Bevölkerung einer ganzen Stadt Grebennikow und seinen Flugapparat für ein „außerirdisches Raumschiff" hielt.

Bei einem Probeflug im Jahre 1990 brachte der Flugapparat Grebennikow infolge einer unpräzisen Einstellung des Antigravitations-Panels von Krasoobsk nach Novosibirsk. Diese unerwartete Versetzung im Raum führte damals zu

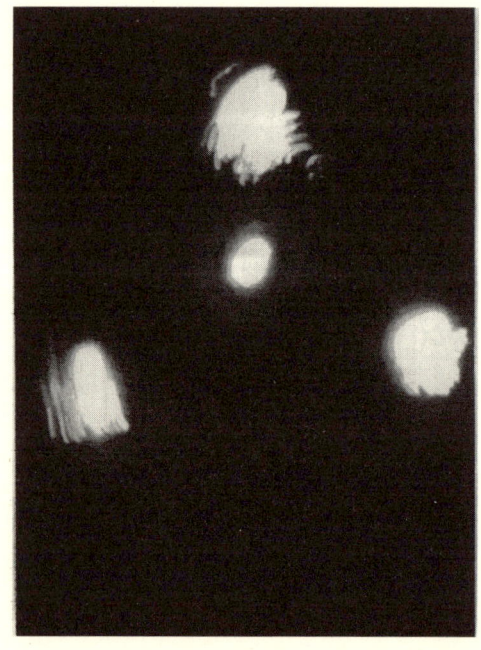

In einem Antigravitationsfeld kommt es (für einen außenstehenden Beobachter) zu einer Veränderung der Form eines fliegenden Objekts und seiner Insassen.

Abb. 35: Im Jahre 1990 wurden über Belgien zahlreiche dreieckförmige UFO-Erscheinungen gesehen.

mehreren Zeitungsartikeln über „UFO-Erscheinungen" über Novosibirsk. Grebennikow kommentierte diese Berichte mit Ironie.

Im gleichen Jahr wurden über Belgien ganze Serien von UFOs gesichtet, die zumeist eine dreieckige Form hatten (■ **Abb. 35**). Hierzu gab Grebennikow folgenden Kommentar ab: *„Ich kann wetten, daß die Gravitationsfilter (kurz gesagt – Block-Panels) dieser Objekte nicht groß waren, die Form eines Dreiecks hatten und hier auf der Erde produziert wurden. Natürlich wurden sie mit einer raffinierteren Methode konstruiert als meine Plattform"*

Diese Schlußfolgerung ist allerdings nicht zwingend. Es ist durchaus auch denkbar, daß extraterrestrische Raumschiffe mit einer ähnlichen Antigravitationstechnologie zur Erde kommen. Wenn also eine Lichterscheinung oder ein scheibenförmiges Objekt gesehen wird, so bedeutet es nur, *„daß bei derartigen Beobachtungen nicht das UFO selbst gesehen wird, sondern ein physikalischer Effekt, der beim Eintritt des UFOs in unseren Luftraum als Nebenwirkung entstand."*[28]

Grebennikow beobachtete bei seinen Flügen noch weitere merkwürdige Nebeneffekte: *„Im Bereich der Wirkung einer Antigravitationsplattform kommt es oft zu verschiedenen Phänomenen (paranormal genannt), so etwa zum Versagen elektronischer Apparaturen, sogar zu Feuerausbrüchen. Ich kann die Natur dieser Effekte nicht genau erklären, es scheint, daß sie mit Zeitanomalien in Zusammenhang stehen"*.

Infolge seiner Experimente erlitt Viktor Grebennikow sehr starke Schäden an den Schleimhäuten seiner Augen. Die Wirkung der Energie, die er nicht zu Ende erforschen konnte, hatte auch fatale Nebenwirkungen auf sein Immunsystem und seinen Körper. Er starb viel zu früh. Vor seinem Tod zerstörte er seine Antigravitationsplattform höchstwahrscheinlich, oder er zerlegte sie in einzelne Teile und versteckte sie.

Abb. 36: Viktor Grebennikow war nicht nur Wissenschaftler, sondern auch Künstler.

Die Information, daß „russische Spezialdienste" sein Tagebuch, seinen Generator für CSE-Energie und seine Plattform beschlagnahmten, konnten wir nicht verifizieren. Das Grebennikow-Museum existiert und ist öffentlich zugänglich, und man kann dort viele seiner Zeichnungen und Gemälde bis heute sehen.

Im Antigravitationsmodus

Hexagonale Strukturen zeichnen sich dadurch aus, daß sie Konstruktionen aus leichtem Material eine hohe Stabilität verleihen. Aus diesem Grund kommen sie inzwischen in unserer Technik, z. B. im Flugzeugbau oder in der Konstruktion erdbebensicherer Gebäude, zum Einsatz.

Dennoch erreichen unsere technisch erzeugten Hexagonalstrukturen immer noch nicht die Festigkeit von Bienenwaben. Immer wieder treten die gefürchteten Mikrorisse auf.

Aufgrund der Erkenntnisse des Bienenforschers Jürgen Tautz von der Universität Würzburg bauen Bienen ihre Zellen übrigens ursprünglich rund. Erst wenn sich das Baumaterial - das Bienenwachs - im Laufe der Konstruktion erwärmt, bilden sich die Hexagonalstrukturen von selbst heraus.

Wissenschaftler erhoffen sich von weiteren Untersuchungen von Bienenstöcken neue Erkenntnisse zur Entwicklung stabilerer Baumaterialien.

Mittlerweile haben sich einige unabhängige Wissenschaftler, hauptsächlich in Rußland, schon Gedanken darüber gemacht, wie der CSE-Effekt und Grebennikows Flugapparat eigentlich funktionieren könnten.

Als zentraler Punkt in den derzeit bekannten Erklärungsversuchen kristallisiert sich die konisch-fraktal-hexagonale Struktur der Waben heraus. Man vermutet, daß solche Wabenstrukturen befähigt sind, sogenannte *Quantenvakuumfluktuationen* (virtuelle Teilchen, sogenannte „freie Energie") anzuzapfen, wodurch ein dem Erdgravitationsfeld entgegengesetztes Kraftfeld erzeugt wird. Dies entspricht dem sogenannten *Casimir-Effekt*, der im Labor bereits experimentell nachgewiesen und allgemein wissenschaftlich anerkannt ist. Eine sehr verwandte Theorie ist die sogenannte *Leptonen-Hypothese* von B. I. Isakow.[8]

Andere Vermutungen gehen dahin, daß sich innerhalb der hexagonalen Wabenstrukturen *stehende Materiewellen (De-Broglie-Wellen)* ausbilden können, wie sie die Quantenphysik fordert. Auch dadurch kann es zu einem Antigravitationseffekt kommen, da im Innern nur Wellen auftreten können, deren Wellenlängen zur Geometrie der Wabe passen, während außen beliebige Wellenlängen möglich sind. Das führt wiederum zu einem Energiegefälle, das dem Casimir-Effekt sehr ähnlich ist.

Der Casimir-Effekt

Der niederländische Physiker *Hendrick Casimir* sagte 1948 einen möglichen Antigravitationseffekt in der Theorie voraus. Grundlage seiner Überlegungen war die *Quantenvakuumfluktuation*. Im Vakuum existiert immer eine geringe Anzahl von Elementarteilchen und Photonen, die spontan aus dem Nichts entstehen und wieder vergehen.

Abb. 37: Hendrick Casimir (1909-2000)

Man betrachtet nun zwei parallele Metallplatten in einem kurzen Abstand voneinander. Die Platten fungieren wie Spiegel für die virtuellen Teilchen und Antiteilchen. Die Region zwischen den Platten läßt nur Lichtwellen bestimmter Resonanzfrequenzen zu. Infolge dessen gibt es etwas weniger Vakuumfluktuationen bzw. virtuelle Partikel zwischen den Platten als außerhalb, wo die Vakuumfluktuationen jede mögliche Wellenlänge haben können. Das bedeutet, daß virtuelle Teilchen im Innenraum nicht so häufig auf die Platten treffen und deshalb nicht so viel Druck auf die Platten ausüben, wie es die virtuellen Partikel draußen tun. Es gibt folglich eine geringfügige Kraft, die die Platten zusammendrückt.

Die Energiedichte zwischen den Platten ist also geringer als außerhalb. Da jedoch die mittlere Energiedichte des Weltraums in großer Entfernung von den Platten Null ist, muß zwischen den Platten eine negative Energiedichte herrschen. Die Casimir-Kraft ist daher eine echte Antigravitationskraft.

Der Casimir-Effekt wurde 1996 experimentell nachgewiesen und ist wissenschaftlich allgemein anerkannt.

Die vorliegenden Denkmodelle können übrigens auch das beobachtete Phänomen der Unsichtbarkeit im Bereich der Antigravitation erklären. Wie schon Grebennikow beschrieb, bildet sich rund um das Fluggerät im Antischwerkraftmodus ein umhüllendes Feld aus, das er auch als „Kokon" bezeichnete. In diesen Kokon können Lichtwellen zwar eindringen, und so konnte Grebennikow auf seinen Flügen auch alles um sich herum sehen. Reflektiertes Licht jedoch kann den Kokon nicht mehr verlassen, da es nach den Berechnungen einiger Wissenschaftler von den Wabenstrukturen im Antigravitationsmodus absorbiert wird.

Kurz gesagt – *Antigravitation ist nicht irgendeine Tarnkappentechnologie, es ist DIE Tarnkappentechnologie.*

Denken Sie bitte daran, daß die Tarnkappenflugzeuge, die heute offiziell existieren (etwa der Stealth-Bomber), lediglich für das Radar unsichtbar sind, mit bloßem Auge jedoch gesehen werden können. Ein Flugobjekt im Antigravitationsmodus kann im Zusammenspiel mit moderner Technik sichtbar oder unsichtbar gemacht oder in seiner Form verzerrt werden, und das ist ein Prozeß, der steuerbar ist, wenn man über das entsprechende Wissen verfügt.

Abb. 38: F-117 Nighthawk Stealth Fighter der US Air Force

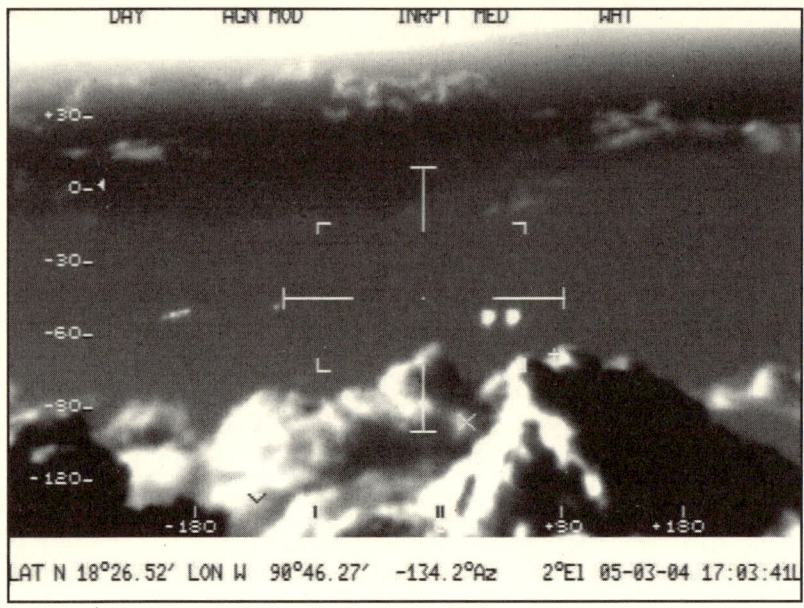

DAY   AGN MOD   INRPT MED   WHT

+30-
0-◄
-30-
-60-
-90-
-120-
-180   I   II   +90   +180

LAT N 18°26.52' LON W 90°46.27' -134.2°Az   2°El 05-03-04 17:03:41L

Abb. 39: Diese Infrarot-Aufnahme eines mexikanischen FLIR-Radars zeigt über den Wolken zwei leuchtende, kugelförmige Flugobjekte, die für das bloße Auge unsichtbar waren.

Es steht jedoch außer Zweifel, daß im irdischen Luftraum von Zeit zu Zeit Flugobjekte auftauchen, die über bessere Tarnkappentechnologien verfügen als der Stealth Fighter. Ein besonders eindrucksvoller Fall wurde 2004 durch das mexikanische Verteidigungsministerium dokumentiert. Ein Aufklärungsflugzeug der mexikanischen Luftwaffe wurde damals während eines Routinefluges von insgesamt elf Flugobjekten eskortiert, die für das bloße Auge nicht sichtbar waren, wohl jedoch für das Bordradar. Die mexikanischen Militärpiloten hatten ein Spezial-Infrarotradar vom Typ FLIR an Bord, mit dessen Hilfe sie den Vorfall auf Video aufzeichnen konnten. Das FLIR-Radar registrierte die Hitzeausstrahlung der „unsichtbaren" Flugobjekte und machte sie dadurch sichtbar.

Leptonen-Hypothese

Die Wissenschaft teilt die bekannten Elementarteilchen in drei Klassen ein: *Baryonen* (schwere Teilchen), *Mesonen* (mittelschwere Teilchen) und *Leptonen* (leichte Teilchen).

Zu den Leptonen gehören: *Elektronen*, *Myonen* und *Tauonen* sowie ihre jeweiligen *Neutrinos*. Sie unterliegen der Gravitation und der schwachen Wechselwirkung. Wenn sie eine elektrische Ladung tragen (wie das Elektron), dann wechselwirken sie auch mit elektromagnetischen Kraftfeldern. Elektrisch neutrale Leptonen, wie die Neutrinos, wechselwirken so schwach mit ihrer Umwelt, daß sie fast keine sichtbaren Spuren hinterlassen und daher zur *„dunklen Materie"* gerechnet werden.

Die Leptonen-Hypothese des russischen Physikers Isakow stützt sich auf die Tatsache, daß Leptonen im Universum allgegenwärtig sind und jeder materielle Körper ständig von ihnen durchflossen wird. Die meisten Leptonen durchdringen feste Materie fast widerstandslos, einige jedoch werden im Innern eines materiellen Körpers abgebremst oder absorbiert. Das führt dazu, daß zwei materielle Körper, z. B. zwei nahe benachbarte Kugeln, jeweils füreinander einen geringen Abschirmungseffekt des Leptonenstroms bewirken. Zwischen den beiden Kugeln strömen weniger Leptonen als außerhalb. Dies führt zu einem schwachen Anziehungseffekt der beiden Kugeln, ähnlich zum Casimir-Effekt. Insbesondere kommt es auch – so Isakows Berechnungen – im Innern eines polyedrischen (z. B. sechseckigen) Hohlraums zu einer gewissen Abschirmung des äußeren Leptonenflusses, was unter bestimmten Bedingungen einen antigravitativen Effekt auslösen kann. Die Leptonen-Hypothese bietet auch die Chance, die vielzitierte „freie Energie" wissenschaftlich zu fassen.

Der bekannte mexikanische Fernsehjournalist *Jaime Maussan* hat diese beeindruckenden Filmdokumente im Rahmen einer umfassenden Videodokumentation über unbekannte Flugobjekte der Öffentlichkeit zugänglich gemacht. Die Echtheit der Aufnahmen wurde während einer Pressekonferenz durch den mexikanischen Verteidigungsminister *General Clemente Vega Garcia* öffentlich bestätigt.

Jaime Maussans Videodokumentation ist 2007 auch in deutscher Version auf DVD erschienen unter dem Titel *„Sie sind hier!"*[36] An der Gestaltung dieser DVD haben wir als wissenschaftliche Berater mitgewirkt. Während der Arbeit wurde uns die immense Bedeutung dieses mexikanischen UFO-Falls deutlich. Es ist ein entscheidender Unterschied, ob man nur einige Fotos sieht oder das doch recht dramatische Ereignis im Zusammenhang als Film erleben kann – die ganze Zeit unterlegt mit den aufgeregten Kommentaren der Flugzeugbesatzung, die über Funk ihren Stützpunkt über die Entwicklung der Ereignisse auf dem Laufenden hielten. Eine zusammenfassende Dokumentation des Falles finden Sie in einem Artikel des mexikanischen Journalisten und Forschers *Santiago Yturria* in Matrix3000.[18]

Bei einer Flugshow in der ukrainischen Stadt L'vov kam es am 27. 2. 2002 zu einer Katastrophe, als ein ukrainischer Militärjet vor laufenden Kameras in eine Menschenmenge stürzte. 85 Menschen kamen ums Leben. Auf dem Film des ukrainischen Fernsehens ist kurz vor dem Absturz unmittelbar neben dem Militärjet ein längliches Objekt zu erkennen, das mit hoher Geschwindigkeit nahe an ihm vorbeifliegt und dabei nur zeitweise sichtbar ist. Man kann davon ausgehen, daß das Objekt die ganze Zeit da war, sich aber einer Tarnkappentechnologie bediente, die aus unbekannten Gründen nur zeitweise funktionierte.[28]

Rätselhafte hexagonale Struktur auf dem Saturn

Die NASA-Weltraumsonde Cassini hat bei ihrer Erkundung des Saturn ein Foto vom Nordpol des Riesenplaneten zur Erde gefunkt, auf dem eine gigantische hexagonale Wolkenstruktur zu sehen ist. Bereits die Bilder der Raumsonde Voyager vor 20 Jahren hatte Hinweise auf die Struktur gegeben (die also nicht

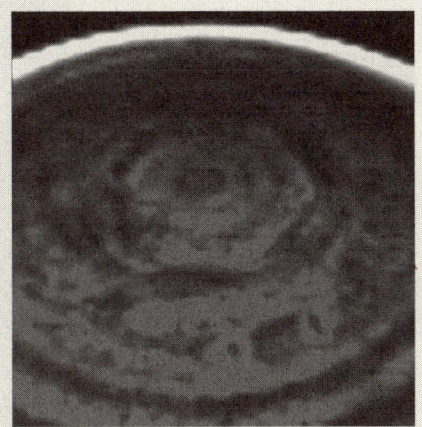

Abb. 40: Hexagonale Wolkenformation auf dem Saturn, aufgenommen von der Cassini-Weltraumsonde

neu und kurzfristig entstanden ist). Die neuen Fotos erlauben aber erstmals, Details zu erkennen. Die Formation gleicht im Grunde den Wolkenwirbeln, wie sie auch über den Polen der Erde zu erkennen sind. Im Gegensatz zu diesen ist sie jedoch nicht kreisförmig, sondern zeigt diese absolut regelmäßige sechseckige Form. Messungen zufolge ist sie etwa 100 Kilometer dick. Die hexagonale Struktur ist nur über dem Nordpol des Saturn zu sehen. Über dem Südpol dagegen wütet ein normaler Hurricane mit einem gigantischen Auge. Was die seltsame Struktur hervorgebracht hat, ist nach wie vor ein Rätsel.

Das Wissen über Antigravitation ist also nicht nur für die Entwicklung neuartiger Fluggeräte oder Waffen von entscheidender Bedeutung. Es ist auch notwendig, um eventuelle Besucher der Erde, die sich solcher Technologien bedienen könnten, sicherer zu erkennen bzw. auf sie adäquat reagieren zu können. Daß ein solches Wissen geheimgehalten wird, ist kaum noch verwunderlich.

Wir hatten genug Zeit, uns an die Möglichkeit der Raumfahrt zu gewöhnen, und auch die Erkenntnisse der Astrophysik und Astrobiologie haben uns darauf vorbereitet, die Existenz extraterrestrischen Lebens akzeptieren zu können. Insofern ist das Argument des „ontologischen Schocks", sollten wir mit fremden Lebensformen konfrontiert werden, veraltet.

Vermutlich sind aber Technologien, die mit Antigravitation verbunden sind, nicht nur von militärischem Interesse, sondern könnten auch von großer wirtschaftlicher und ökologischer Bedeutung sein. Neue Perspektiven, die sich daraus für die Energiegewinnung und -nutzung eröffnen würden, könnten unsere Abhängigkeit von Kernkraft und fossilen Brennstoffen ein für alle Male beseitigen. Gleichzeitig würde dies natürlich den Ruin für ganze Wirtschaftszweige bedeuten, die sich mit der Nutzung der „alten" Energieformen beschäftigen, und dies könnte wiederum unser Finanzsystem als Ganzes ins Wanken bringen. Ein Grund mehr für einflußreiche Kreise auf der Erde, dieses Wissen geheimzuhalten.

Es deutet viel darauf hin, daß Antigravitationstechnologien längst im Einsatz sind. Der militärindustrielle Komplex arbeitet daran schon seit den fünfziger Jahren des 20. Jahrhunderts. Dazu zählen Unternehmen wie Lockheed Martin, Nothrup, SAIC, E-Systems, EG&G, Mitre Corporation usw. Einige dieser Unternehmen hatten sich zumindest frühzeitig die Dienste jener Wissenschaftler gesichert, die sich mit Antigravitation beschäftigten.

4

Die Gravitation entläßt ihre Kinder

Warum kam Viktor Grebennikow eigentlich auf eine „schwarze Liste" der Wissenschaft? Weil er es gewagt hatte, die „Box" zu verlassen.

Und was ist die Box? Forschung in Naturwissenschaft und Technik spaltet sich in zwei Bereiche auf. Man kann als Forscher zu allen Ehren kommen, sogar Nobelpreise gewinnen. Voraussetzung ist allerdings, man verläßt nicht den Rahmen allgemein akzeptierter Erkenntnisse und Gesetze der Naturwissenschaft. Kurz gesagt – um als Forscher in der Wissenschaftsgemeinde anerkannt zu sein, sollte man innerhalb dieser Box bleiben.

Denken Sie etwa, daß Albert Einstein seinen Nobelpreis für die Relativitätstheorie erhielt – rückblickend betrachtet sicher seine bahnbrechendste wissenschaftliche Leistung? Weit gefehlt. Die Relativitätstheorie war damals noch viel zu revolutionär und unkonventionell. Statt dessen erhielt Einstein die höchste wissenschaftliche Auszeichnung für seine Erklärung des photoelektrischen Effekts. Ein überschaubares physikalisches Problem, für jeden Forscher im Labor leicht nachzuvollziehen und vor allem unmittelbar technisch nutzbar. Daran hat sich bis heute nichts geändert.

Um zu wirklich epochalen Erkenntnissen zu gelangen, muß ein Wissenschaftler seine Gedanken außerhalb der „Box" lenken. Sehr oft ist es sogar notwendig *zu vergessen, daß es überhaupt eine Box gibt.*

Wenn ein Wissenschaftler die allgemein anerkannte Box verläßt, kann er noch so faszinierende Entdeckungen machen – in der Schulwissenschaft wird er auf Widerstand stoßen.

Wer immer sich heutzutage mit der Antigravitationsforschung beschäftigt, *muß* die Box verlassen. Insofern hat er entweder keine Chance – oder „andere Kreise" werden auf ihn aufmerksam.

Wissenschaftler außerhalb der „Box"

Hier die drei bekanntesten Avantgardisten der Antigravitationsforschung und ihre Karrieren, die durchweg etwas ungewöhnlich verliefen.[29]

Der russische Materialwissenschaftler *Eugene Podkletnov* entdeckte im Jahre 1992 im Verlauf eines Experiments an der Universität Tampere (Finnland) einen Antigravitationseffekt eher durch Zufall. Er wollte seinen Kollegen eine supraleitende Scheibe vorführen, für die er eine komplizierte keramische Substanz entwickelt hatte. Bei der Vorführung rauchte einer der Wissenschaftler Pfeife, und der Pfeifenrauch verhielt sich

Abb. 41: Eugene Podkletnov

seltsam. Er stieg kerzengerade über der Scheibe nach oben, anstatt sich wie üblich in der Luft zu verwirbeln.

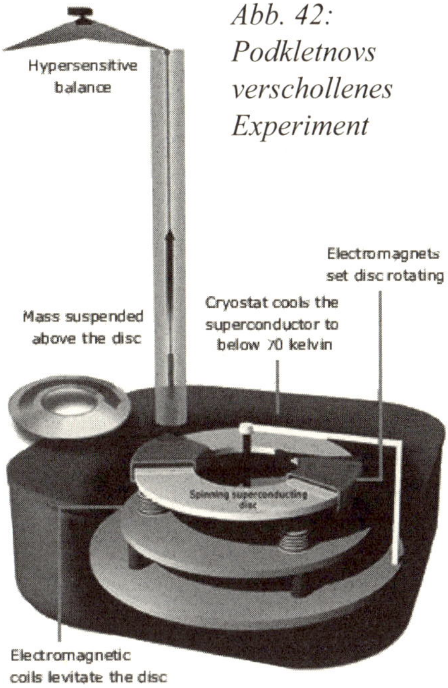

Spätere systematische Untersuchungen ergaben, daß oberhalb dieser Scheibe die Schwerkraft um 3 Prozent reduziert bzw. abgeschirmt war (sofern man die Scheibe stark herunterkühlte und in einem Magnetfeld rotieren ließ).[14]

Auf den ersten Blick scheint eine knapp dreiprozentige Gewichtsverringerung nichts Überwältigendes zu sein, doch in Wahrheit waren diese Versuche eine wissenschaftliche Sensation ersten Ranges.

Abb. 42:
Podkletnovs
verschollenes
Experiment

Hypersensitive balance

Electromagnets set disc rotating

Mass suspended above the disc

Cryostat cools the superconductor to below 70 kelvin

Spinning superconducting disc

Electromagnetic coils levitate the disc

Eugene Podkletnov ging nun daran, seine Entdeckung wissenschaftlich genauer zu dokumentieren und in Form eines Fachartikels beim Journal of Physics, einer der angesehensten Fachzeitschriften Englands, einzureichen. Noch während die Redaktion der Zeitschrift seinen Beitrag prüfte, ging er jedoch an die Öffentlichkeit und gab zwei Journalisten der englischen Zeitung „Sunday Telegraph" ein Interview.

Das Interview hatte Folgen. Eugene Podkletnov erlebte an der finnischen Universität seinen persönlichen Crash. Er wurde fristlos entlassen. Sein Chef bestritt, daß er überhaupt derartige Experimente je durchgeführt hätte, und der Co-Autor seines Fachartikels leugnete, mit Podkletnov auf dem Gebiet der Antigravitation zusammengearbeitet zu haben. Schließlich zog Podkletnov seinen Artikel von der Veröffentlichung im Journal of Physics zurück. Sein Experiment und seine supraleitende Scheibe sind seitdem verschwunden.

Allerdings war ein Vorabdruck von Podkletnovs Fachartikel an der Universität Moskau bereits veröffentlicht worden, und dadurch fanden die Erkenntnisse des Wissenschaftlers den Weg in die USA, zur NASA. Ganz im Gegensatz zu Podkletnovs Kollegen in Finnland betonte der Chef des NASA Marshall Space Flight Center, *Whitt Brantley*, die NASA nehme diese Arbeit sehr ernst. Es wurde ein Gemeinschaftsprojekt „Delta-G" mit der Universität von Alabama in Huntsville ins Leben gerufen und von der

Abb. 43: Beim Casimir-Effekt wird Antigravitationsenergie direkt aus der freien Energie des Raumes gewonnen. Zwischen den vertikalen Platten befindet sich weniger freie Energie als außerhalb. Dadurch werden die Platten zusammengedrückt.

NASA mit zunächst 150.000 Dollar gesponsert, um Podkletnovs so jäh unterbrochene Forschungsarbeit weiterzuführen. Leiterin dieses Projekts ist die Chinesin Dr. *Ning Li*, die in Huntsville als Plasmaphysikerin arbeitet. Seitdem ist das Projekt aus dem Blickfeld der Öffentlichkeit verschwunden und – Eugene Podkletnov ist gar nicht dabei! Er ist inzwischen nach Rußland zurückgekehrt und arbeitet dort am Moscow Chemical Scientific Research Centre. Ein interessantes Detail: Das Marshall Space Flight Center ist die Abteilung der NASA, die sich mit der Entwicklung von Raumfahrtantriebssystemen beschäftigt.

Auch der bereits erwähnte niederländische Physiker *Hendrick Casimir* gehörte zu den Pionieren der Antigravitationsforschung. Vor der Entdeckung des nach ihm benannten Casimir-Effekts hatte er mit Berühmtheiten der Quantenphysik wie Niels Bohr und Wolfgang Pauli zusammengearbeitet. Später dagegen wurden ihm zwar eine Reihe wissenschaftlicher Ehrungen zuteil (z. B. Ehrenmitgliedschaft in der Royal Society), den experimentellen Nachweis seiner in der Theorie gewonnenen Erkenntnisse vollzogen jedoch andere. Hendrick Casimir machte keine große akademische Karriere mehr, sondern arbeitete für den Rest seines Arbeitslebens beim niederländischen Elektronikkonzern Philips. Eine Verbindung von Philips zum niederländischen Militär besteht schon seit den Lebzeiten des Firmengründers Gerard Leonhard Frederik Philips (1858-1942), der im ersten Weltkrieg technische Entwicklungen für die Armee durchführte – und das waren keinesfalls Rasierapparate...

Der dritte bekannte Antigravitationsforscher des 20. Jahrhunderts war der amerikanische Ingenieur *Thomas Townsend Brown*. Er war ein typischer Erfinder und Tüftler, der schon während seiner Militärzeit im zweiten Weltkrieg durch zahlreiche kleinere Erfindungen, z. B. für Minensuchkommandos der Marine, auf sich aufmerksam machte. Nach seinem Abschied aus der US Navy, die er im Rang eines Lieutenant Commander verließ, arbeitete er für den Rüstungs- und Flugzeugkonzern Lockheed Martin als Ingenieur. 1951 dann veröffentlichte er wie aus dem Nichts in der Zeitschrift Psychic Observer einen Artikel[17]

Abb. 44: Thomas Townsend Brown (1905-1985)

61

Abb. 45: In den sechziger Jahren arbeitete Thomas Townsend Brown an Antigravitations-Flugscheiben

über einen „elektrokinetischen Apparat"[16], mit dem er die Wirkung der Schwerkraft überlisten konnte. Das Gerät, das wie ein riesiger metallischer Regenschirm aussah, erhob sich unter der Wirkung einer hohen elektrischen Spannung (bis zu 125.000 Volt) von selbst in die Luft und vollführte dort tanzende und taumelnde Bewegungen, ganz ähnlich, wie sie oft auch gesichtete UFOs machen. Auch Podkletnovs supraleitende Scheibe bewegte sich ähnlich.

Nach außen hin schien der „elektrokinetische Apparat" von Thomas Townsend Brown eher der verrückten Idee eines spleenigen Erfinders entsprungen zu sein. Aber irgend jemand schien doch seine Arbeit ernst genommen zu haben und an ihn herangetreten zu sein. Von seiner Antigravitationsforschung hörte man nicht mehr viel. Er machte eine einzigartige Karriere bei einem der bedeutendsten US-Rüstungskonzerne, der RAND Corporation, deren Präsident er von 1958 bis 1974 war. Dieser Konzern mit Sitz in Nassau auf den Bahamas baute zu jener Zeit im Auftrag der US Army geheime militärische Untergrundbasen und war angeblich auch an Bewußtseinskontrollprojekten des Militärs beteiligt. Eine unmittelbare Verbindung zur Marinebasis am NORTH WEST CAPE, die ja in jenem Zeitraum erbaut wurde, ließ sich nicht mehr recherchieren, dürfte aber nicht auszuschließen sein.

Irgend jemand scheint eine besondere Vorliebe dafür zu haben, alle Erkenntnisse über technische Antigravitationsforschung für sich zu requirieren. Der breiten Öffentlichkeit gegenüber herrscht nur das große Schweigen. Gelingt es jedoch einem Forscher, durch eigene Anstrengungen zu Erkenntnissen zu gelangen, die für gewisse Kreise von Interesse sein könnten, so kann man die Zeit, bis er aus dem Blickfeld der Öffentlichkeit verschwindet, mit einer Eieruhr messen. In der Regel tritt dann jemand an ihn heran und stellt ihn vor die Alternative, entweder einen Karriereknick zu erleben oder aber einen gut dotierten Job hinter den Kulissen anzunehmen, der dann allerdings an die Unterzeichnung einer lebenslangen Schweigeverpflichtung geknüpft ist.

Ohnehin hat sich die Wissenschaft lange Zeit schwer damit getan, die Existenz der Antigravitation zu akzeptieren.

Einsteins Schublade

Die Schwerkraft gehört zu den alltäglichsten Erscheinungen unseres Lebens. Sie ist die uns allen vertraute Kraft, die Gegenstände nach unten fallen läßt und dafür sorgt, daß die Erde um die Sonne kreist.

Und doch weiß niemand bis heute (innerhalb der Box), was Gravitation eigentlich ist und warum sie wirkt.

Alle anderen physikalischen Kräfte – die Elektrizität und die schwachen und starken Kernkräfte – hat der Mensch inzwischen technisch zu nutzen gelernt. Die Gravitation zu manipulieren, war dagegen lange Zeit unmöglich, und das, obwohl eine solche Technik schließlich vollkommen neue Möglichkeiten in der Luft- und Raumfahrt eröffnen könnte.

Der Hauptgrund liegt darin, daß die Gravitation keine Polarität zu besitzen scheint, so wie praktisch alles andere im Universum.

Elektrische Ladungen zum Beispiel gibt es in positiver und negativer Form. Gleichnamige Pole stoßen sich ab, ungleichnamige ziehen sich an. Dadurch entsteht Instabilität, Bewegung, in die man mit der Technik regelnd eingreifen kann. Negative Massen hingegen konnte man bislang nicht beobachten, und so erscheint uns die

Abb. 46: Albert Einstein mit seiner Frau Elsa

Schwerkraft, die Massen einander anziehen läßt, als außerordentlich stabil und damit eben auch nicht technisch manipulierbar.

Physiker vermuten seit langem einen Zusammenhang zwischen Gravitation und Bewußtsein. Eine Gemeinsamkeit ist bereits bekannt: beide lassen sich bislang nicht in die moderne Quantenphysik einfügen. Heißt das, daß das Bewußtsein der gesuchte Gegenpol zur Gravitation ist? Kann man die Gravitation über das Bewußtsein beherrschen lernen?

Neueste Erkenntnisse in Physik, Biophysik und Kosmologie zeigen, daß diese Gedanken in die richtige Richtung weisen.

Die Schlußfolgerung, daß Gravitation keinen Gegenpol hat, verdanken wir *Albert Einstein*. Als er seine allgemeine Relativitätstheorie aufstellte, entwickelte er Formeln, in denen die Möglichkeit negativer Massen durchaus enthalten war, in Form einer sogenannten *kosmologischen Konstanten*. Doch dann stellte Einstein fest, was wir gerade erkannt haben: Durch diese kosmologische Konstante wurden seine Gleichungen instabil. Im Gravitationsfeld des Universums entstand plötzlich die Möglichkeit

Abb. 47: Einsteins Schreibtisch in seiner Villa in Caputh bei Potsdam

von Bewegung, von lokalen Instabilitäten. Und das ist gerade der Knackpunkt. Es widersprach allem, was Einstein sich unter der Einfachheit und Ästhetik einer grundlegenden Theorie des Universums vorstellte, und da derartige Instabilitäten damals noch nie beobachtet worden waren, setzte er die kosmologische Konstante in einem unbeobachteten Augenblick kurzerhand auf Null, kehrte sie also vorsichtig in seine Schreibtischschublade.

Von dort wurde sie 1998 wieder herausgeholt. Beobachtungen des Hubble-Teleskops eröffneten uns plötzlich den Blick auf fernste Galaxien, die sich so schnell von uns fortbewegten, daß sie älter als das Universum hätten sein müssen, um diese Geschwindigkeit zu erreichen. Da dies natürlich unmöglich ist, mußte eine bislang unbekannte Kraft im Universum existieren, die der Schwerkraft entgegenwirkt und für die zusätzliche Beschleunigung sorgt. Das Jahr 1998 war somit die offizielle Geburtsstunde der Antigravitation. Einsteins kosmologische Konstante wurde wiederbelebt.

Seither gehört die kosmologische Konstante und damit die Antigravitation offiziell zur „Box" der anerkannten Wissenschaft. Die technologischen Konsequenzen dagegen, insbesondere die Möglichkeit futuristischer Kommunikations- und Antriebssysteme, bleiben jedoch weiterhin außen vor. Der Grund liegt natürlich vor allem in der immensen militärischen Bedeutung dieser Technologien.

Vereinheitlichte Feldtheorie und Global Scaling

Eine der Hauptschwierigkeiten der Physiker war es lange Jahre, daß sich die Gravitation nicht in das Denkgebäude der Quantenphysik eingliedern ließ. Dies war (und ist) das Haupthindernis bei der Aufstellung einer vereinheitlichten Feldtheorie (GUT), die im Endeffekt auch zu einer technischen Manipulierbarkeit der Schwerkraft führen dürfte. Erst allerneueste theoretische Modelle, z. B. die Superstringtheorie, eröffneten möglicherweise neue Wege zur Lösung dieses jahrzehntealten physikalischen Problems.[29]

Danach ist die für uns meßbare Schwerkraft nur Projektion einer elfdimensionalen Hypergravitation, die zum größten Teil in einem höherdimensionalen Hyperraum wirkt. An den Schnittstellen zu der von uns erlebbaren dreidimensionalen Realität kann es dabei durchaus zu allerlei Anomalien kommen.

Ein anderer neuer Denkansatz stammt von dem deutschen Physiker *Hartmut Müller*, der eine Formel entwickelte, wonach sich im Universum eine logarithmische stehende Gravitationswelle herausgebildet hat. Dadurch erhalten alle Materieansammlungen vom Elementarteilchen bis zur Galaxis fraktale Eigenschaften, die sich im Großen wie im Kleinen wiederholen. Diese Eigenschaft des Universums nennt Müller *Global Scaling*.[35] Er weist nach, daß es auf diese Weise zu Ähnlichkeiten in der Formbildung kommt, die sich im Großen wie im Kleinen wiederholen. Stabile Materieformen können sich nur an den Knotenpunkten der stehenden Gravitationswelle bilden.[13]

Diese Gesetzmäßigkeiten machen es verständlich, warum es – gemäß der Beobachtungen Grebennikows – bei der praktischen Anwendung der Antigravitation zu Verzerrungen in der Wahrnehmung makroskopischer Formen kommen kann. Antigravitationsgetriebene Fluggeräte und ihre Piloten erscheinen einem außenstehenden Beobachter in veränderter Form oder werden sogar zeitweise unsichtbar.

Abb. 48: Global Scaling ist ein fundamentales Prinzip im Universum. Es ist gültig für den Makrokosmos (oben: Galaxis, Sonnensystem), den Mikrokosmos (unten: DNA-Molekül, Teilchenspuren in der Blasenkammer) - und für die Menschen dazwischen.

Gravitation, Bewußtsein und Hyperkommunikation

Die Antigravitation hat nicht nur Konsequenzen für die Technik. Instabilitäten der Gravitation haben Auswirkungen auf unser Leben, denn sie existieren nicht nur weit draußen im Weltall, sondern auch im Kleinen in unserer direkten Umgebung. Sie können Einfluß haben auf die Entstehung von Tornados und Erdbeben und sogar den Flugverkehr auf der Erde gefährden.

Seit Einsteins Relativitätstheorie wissen wir, daß die Gravitation Raum und Zeit krümmt und dadurch Materie entstehen läßt. Im Extremfall, zum Beispiel wenn ein großer Stern stirbt, kann dadurch sogar ein schwarzes Loch entstehen, ein Loch in der Raumzeit, in dem die Schwerkraft über alle Grenzen wächst und die Zeit stillsteht. Schwarze Löcher führen aus unserem normalen Raum-Zeit-Gefüge hinaus und können höherdimensionale Verbindungstunnel zu anderen Bereichen des Universums herstellen.

Im Kleinen geschieht dies allerdings auch ständig um uns herum. Überall entstehen quasi aus dem Nichts mikroskopisch kleine Elementarteilchen und verschwinden ebenso schnell wieder. Unsere Raumzeit hat keine glatte Oberfläche, sondern blubbert in kleinsten Dimensionen wie ein Schaumteppich. Dabei tun sich kurzfristig mikroskopisch kleine Tunnel auf, sogenannte Wurmlöcher, die ebenfalls Verbindungen zu unterschiedlichen Bereichen des Universums eröffnen.

Normalerweise existieren diese Wurmlochkanäle nur für Sekundenbruchteile und fallen dann unter der Wirkung ihrer eigenen Schwerkraft wieder zusammen. Wenn jedoch negative Massen und Antigravitation zur Verfügung stehen, dann ist es durchaus möglich, daß ein solches Wurmloch auch länger offen bleibt und einen kurzfristig stabilen Tunnel in einen anderen Bereich des Universums bildet.

Sofern solch ein Tunnel groß genug ist, um mit einem Raumschiff hindurchzufliegen, ist dies der Schlüssel zum *Warp-Antrieb*, also zur interstellaren Raumfahrt durch Raum-Zeit-Tunnel. Auch kleinere Wurmlöcher sind jedoch nutzbar, wie neueste wissenschaftliche Erkenntnisse zeigen. Sie können zur Informationsübertragung, also zu einer Art von Kommunikation genutzt werden, die man auch als *Hyperkommunikation* bezeichnet.

Wir reden hier nicht über eine futuristische Telekommunikationstechnik. Die Natur selbst macht sich seit Urzeiten die Wurmlöcher zunutze, um auf diese Weise Informationen zwischen unterschiedlichen Intelligenzen auszutauschen, d. h. Bewußtsein in kosmischen Dimensionen zu vernetzen.

Dies folgt aus einer Theorie des finnischen Physikers *Matti Pitkänen*, die zum ersten Mal auch die Wirkung der Gravitation und der Wurmlöcher auf lebende Materie untersucht.

Warp-Antrieb   (out of the Box!)

Als *Warp* (engl. „verzerren") bezeichnet man eine natürliche oder künstliche Krümmung der Raumzeit., die als
hypothetische Antriebskraft für Reisen durch Zeit und
Raum genutzt werden kann. Man spricht in diesem Zusammenhang auch von *asymmetrischer Modifikation der
Raumzeit.* Nach einer Theorie des mexikanischen Physikers *Miguel Alcubierre* erlaubt ein Warp Reisegeschwin-
digkeiten schneller als das Licht, ohne daß dadurch die
Gesetze der Relativitätstheorie verletzt würden. Ein
Raumschiff würde sozusagen vom Warp selbst, also von
der Raumzeitkrümmung, vorangezogen. Geschwindigkeiten schneller als das Licht treten dabei nur für Beobachter außerhalb des Warp auf.[12]

Ein solches Antriebssystem wäre allerdings nicht ganz
ungefährlich, insbesondere, wenn die Reisenden eines Tages wieder zu ihrem Ausgangspunkt zurückkehren wollen. Jedes Lebewesen und jedes Stück Materie hinterläßt
von seiner Existenz in der Raumzeit eine individuelle
temporäre Spur. Um die Wirkung eines Warp umzukeh-
ren, muß daher bei erneuter Annäherung an den Ereig-
nishorizont eine Vielzahl von Variablen beachtet werden.
Macht man dabei auch nur den geringsten Fehler (indem
man z. B. eine Millisekunde zu spät kommt), so kann es
zu Überlappungen mit anderen Spuren kommen – der
Körper des Reisenden wäre dann z. B. plötzlich mit einem Felsen verschmolzen, oder mehrere Beteiligte könnten ihr Bewußtsein tauschen. Derartige katastrophale
Nebenwirkungen sollen angeblich beim umstrittenen Phi-
ladelphia-Experiment aufgetreten sein.

Nach Pitkänens Ansicht sind Wurmlöcher die elementaren Kommunikationskanäle der Natur. Sie lagern sich an das Erbmolekül, die DNA, an, die nach neuesten Erkenntnissen eine sehr gute elektromagnetische Antenne darstellt. Auf diese Weise findet auf der Ebene der Zellen unseres Körpers ein ständiger Informationsaustausch mit der Außenwelt statt. In einem Fachartikel schreibt Matti Pitkänen: *„Wurmloch-Magnetismus könnte sogar als die Quintessenz lebender Systeme angesehen werden."*

Russische Wissenschaftler konnten im Experiment diese Theorie bestätigen. Eine lebende DNA-Probe erzeugt ein charakteristisches meßbares Spektrum, das noch einige Zeit erhalten bleibt, selbst wenn die Probe längst entfernt wurde. Durch die Hyperkommunikation mit Hilfe der Wurmlöcher beult die DNA die Raumzeit etwas ein, und dieses Muster bleibt noch einige Zeit erhalten, bis sich die Raumzeit von selbst wieder glättet. Eine interessante Parallele zu Rupert Sheldrakes Theorie der morphogenetischen Felder: Jedes Lebewesen hinterläßt von sich eine Spur.

Hyperkommunikation sorgt für ein geordnetes Zusammenwirken von Lebewesen und schafft dadurch höheres Gruppenbewußtsein, etwa bei Bienen oder Walen. Beim Menschen kann sie für die Intuition verantwortlich sein und sogar für Kommunikation mit extraterrestrischen Intelligenzen. [29]

So wie die Gravitation höhere Materiestrukturen schafft, indem sie Massen sich gegenseitig anziehen läßt, so entstehen mit Hilfe der Antigravitation höhere und komplexere Bewußtseinsstrukturen durch „vernetzte Intelligenz". Antigravitation ist gleichzeitig ein Schlüssel sowohl zur Kommunikation mit dem Kosmos als auch zu futuristischen Raumfahrtantriebssystemen. Sie kann auch eine Quelle für saubere und nahezu unerschöpfliche Energie sein. Antigravitationstechnologie kann uns also auch helfen, unsere Energie-, Umwelt- und Klimaprobleme zu lösen. Die Gravitation entläßt ihre Kinder...

5

Dunkle Materie und kosmische Kommunikation

Kommunikation im Kosmos ist das Enfant terrible aller Wissenschaftler „in der Box". Mit der Lichtgeschwindigkeit hat es keinen Sinn, obwohl das ganze SETI-Projekt mit seinen gewaltigen Satellitenschüsseln schon einen gewissen Charme hat.[21] Ausgesendete Botschaften sind aller Voraussicht nach Jahre, wenn nicht Jahrtausende unterwegs, bevor „E.T." sie aufschnappen kann. Und das, was wir umgekehrt von denen möglicherweise empfangen, ist aus den gleichen Gründen auch nur Schnee von vorgestern.

Kurz gesagt – herkömmliche Methoden mit Radiowellen taugen in kosmischen Dimensionen nur dazu, um jemand auszuspionieren, der schon seit Jahrtausenden tot ist. Ein interstellarer Dialog ist damit nicht möglich.

Außerhalb der Box könnte das Problem durchaus gelöst werden, nur wir erfahren davon nichts. Einer der möglichen Ansätze wäre ein allgegenwärtiges kosmisches Informationsfeld, auf dessen Inhalte von jedem Ort im Universum augenblicklich zugegriffen werden kann. Quantenphysiker glauben jetzt diesem Informationsfeld auf der Spur zu sein, und zwar in Form der sogenannten *dunklen Materie*.

Dieses Konzept war lange Zeit bloße Theorie, da die dunkle Materie nur sehr schwer nachgewiesen werden kann. Im Jahre 2006 allerdings gelang es einem internationalen Wissenschaftlerteam erstmals, sie zu fotografieren. Die aufsehenerregenden Bilder geben auch den vielfältigen Theorien über Geist und Materie neues Gewicht.[6]

Genau wie Energie ist auch Information unzerstörbar. Wissenschaftlich definiert man Information als ein *nutzbares, interpretierbares und wiederholbares Muster, das einem Trägermedium, d. h. Materie oder Energie, aufgeprägt ist.* Solange dieses Trägermedium existiert, bleibt auch die Information erhalten.

Die Post-Quantenphysik des Bewußtseins

Die sogenannte Post-Quantenphysik des Bewußtseins ist ein Forschungsgebiet, dem sich einige avantgardistische Physiker verschrieben haben. Zu ihnen gehören z. B. die amerikanischen Wissenschaftler *Jack Sarfatti*, *Fred Alan Wolf* oder *John Cramer*.[24]

Wenn man über Informationsübertragung in kosmischen Dimensionen redet, ist es klar, daß man nicht ausschließlich in der Materie steckenbleiben darf, sondern in den feinstofflichen Grenzbereich zwischen dem Materiellen und dem Immateriellen und darüber hinaus vordringen muß.

Und hier wird es exotisch. Das erste, was man vermutlich benötigt, ist es, unser Verständnis des Energiebegriffs zu erweitern. Wenn der (immaterielle) Geist auf die Materie einwirken soll, muß dabei eine Energieform im Spiel sein. Möglicherweise muß diese Energie nicht einmal „neu" sein, sondern nur neu interpretiert werden. Nach den Theorien des Quantenphysikers *David Bohm*, eines Einstein-Schülers, handelt es sich bei dieser Energieform um eine „aktive Information".[2]

Der Physiker *Paavo Pylkkanen* sagte dazu, daß diese aktive Information in Situationen operiert, in denen die Quantenphysik benötigt wird. Dies löse das Problem der mentalen Kausalität, wie also mentale Zustände (als nicht-physikalische Zustände) den Verlauf physikalischer Prozesse beeinflussen können, ohne den Energieerhaltungssatz zu verletzen.[15]

Man muß sich die Konsequenzen vor Augen halten: Die aktive Information ist eine intelligente Form von Information (und Energie) und noch dazu eine, die aktiv handeln kann.

Wie soll das vonstatten gehen? Die meisten von uns haben sicher schon davon gehört, daß es in der Quantenphysik den geheimnisvollen Dualismus von Wellen und Teilchen gibt. Materie scheint einmal als massives Teilchen, ein anderes Mal als sich ausbreitende Welle zu erscheinen, je nach Situation.

David Bohm interpretierte die Quantenphysik etwas anders. Für ihn war der Dualismus „Welle-Teilchen" kein „Entweder-Oder", sondern ein „Sowohl-Als auch". Er veranschaulichte es so, daß ein materielles Teilchen auf seiner Quantenwelle reitet, die er auch „Pilotwelle" nannte, so wie ein Windsurfer auf den Wellen.

Bei diesen Quantenwellen handelt es sich keineswegs um herkömmliche elektromagnetische Wellen, wie sie uns aus der technischen Informationsübertragung bekannt sind. Sie operieren nach neuesten Theorien ganz offenbar auf einem sehr subtilen Trägermedium – der *dunklen Materie.*

Die dunkle Materie wird sichtbar

Schon seit längerer Zeit vermuteten Physiker, daß es neben der sichtbaren Materie im Universum – Planeten, Sterne, Galaxien, kosmische Gaswolken – noch eine weitere Materieform geben muß. Es hatte sich nämlich gezeigt, daß die vorhandene Masse aller sichtbaren Materie im Universum nicht ausreicht, um seine physikalischen Eigenschaften zu erklären. Diese zusätzliche Materieform, die nach neuesten Berechnungen immerhin mehr als 80% der Gesamtmasse des Universums ausmachen soll, galt lange Zeit als unbeobachtbar, da sie weder sichtbares Licht noch andere elektromagnetische Strahlung aussendet, sondern nur

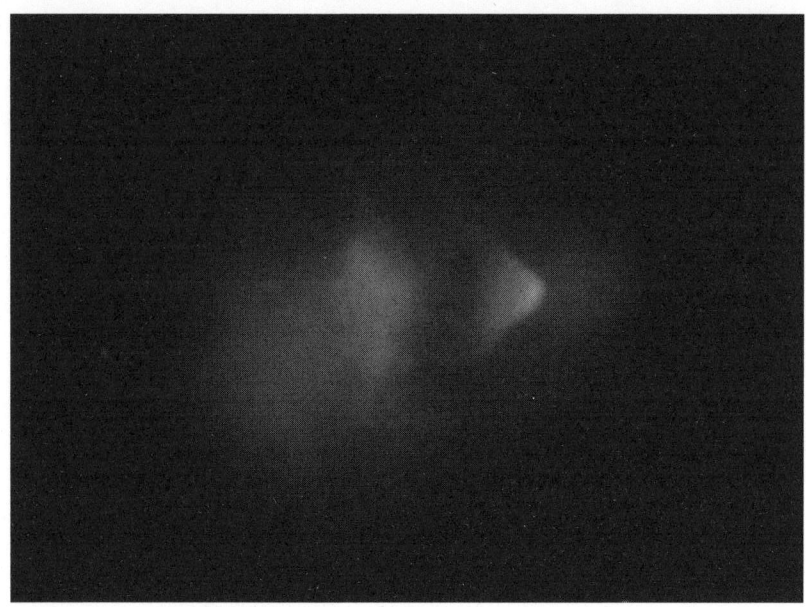

Abb. 49: Das Bullet Cluster (1E 0657-56)

durch Gravitation mit anderer Materie wechselwirkt. Daher gab man ihr den Namen „dunkle Materie". Erst in jüngster Zeit ist es gelungen, sie sichtbar zu machen (■ **Abb. 51**). Zur dunklen Materie zählt man eine Reihe sehr kleiner, fast feinstofflicher, elektrisch neutraler Teilchen, darunter etwa die bekannten Neutrinos. Es gibt aber ganz offenbar noch weitere, wesentlich exotischere Typen von Teilchen in der dunklen Materie, darunter die Axionen, auf die wir im weiteren Verlauf noch eingehen werden. Sie könnten den Schlüssel zur Verbindung zwischen Materie und Geist darstellen.

Erste Hinweise, wie man die Existenz der Dunkelmaterie optisch nachweisen kann, ergaben sich im August 2006. Damals wurde das Hubble-Weltraumteleskop der NASA auf das sogenannte Bullet Cluster (1E 0657-56) gerichtet, eine Kollision zweier gigantischer Cluster aus zahllosen Galaxien.

Schwache Gravitationslinsen

Gravitationslinsen sind bereits seit den Zeiten Albert Einsteins bekannt. Große, massereiche Objekte im Universum krümmen durch ihre Gravitationswirkung Lichtstrahlen, die von hinter ihnen liegenden Objekten ausgehen. Dies kann z. B. bei einer totalen Sonnenfinsternis beobachtet werden: Sterne, die sich eigentlich hinter der Sonne befinden sollten, sind geringfügig seitlich von ihr sichtbar, da ihr Licht durch die Gravitation der Sonne abgelenkt wird (■ Abb. 50).

Abb 50

Dieser Effekt wurde von Einsteins Allgemeiner Relativitätstheorie vorhergesagt und von dem Astronomen Arthur Eddington 1919 erstmals beobachtet.

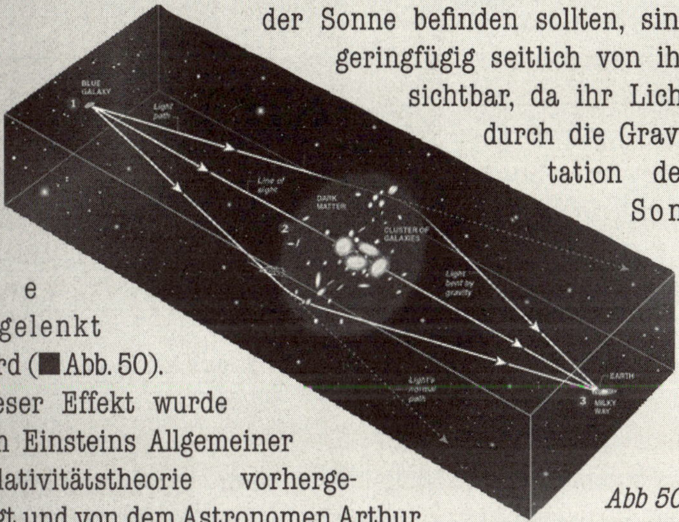

Als „schwache Gravitationslinsen" (oder Mikrogravitationslinsen) bezeichnet man Objekte bzw. interstellare Materie, deren Masse nicht ausreicht, um das Licht wirklich meßbar abzulenken. Der Linseneffekt macht sich dann nur durch einen temporären Anstieg der Helligkeit und nachfolgenden Abfall bemerkbar. Nach neuesten Erkenntnissen kann der schwache Gravitationslinseneffekt zum Nachweis der dunklen Materie dienen.

Das Hubble-Teleskop registrierte drei Komponenten von Strahlung: Zunächst im Bereich des *sichtbaren Lichts* die Sterne, aus denen die Galaxien bestehen. Diese Sterne wurden durch die „Kollision" übrigens nicht beschädigt. Die Abstände zwischen ihnen, innerhalb der Galaxien, sind so groß, daß die beiden Galaxiencluster einander durchdringen konnten, ohne daß es wirklich zu Kollisionen einzelner Sterne gekommen wäre. Als zweites registrierte man eine *Röntgenstrahlung*, die auf die heißen Gase innerhalb der beiden kollidierenden Galaxiencluster zurückzuführen war. Dann gab es aber noch eine dritte Komponente, die auf dem Effekt der „schwachen Gravitationslinsen" beruhte.

Die Frage war nun: Was löste diesen Gravitationslinseneffekt aus? Die Sterne konnten es nicht sein, da ihre Anzahl für den Effekt nicht ausreichte. Der größte Anteil der Masse beider Galaxiencluster bestand aus interstellaren Gaswolken. Doch diese kamen für den Effekt auch nicht in Frage, da er nicht ausreichend mit der Lokalisierung der Gaswolken korrelierte. Es mußte also eine Materieform der Verursacher sein, die durch herkömmliche elektromagnetische Strahlung nicht registrierbar ist – dunkle Materie!

Das sogenannte COSMOS-Survey war das bislang ehrgeizigste wissenschaftliche Projekt zur Durchmusterung einer bestimmten Himmelsregion. Unter Verwendung des Hubble Space Telescope der NASA, des XMM-Newton-Röntgenobservatoriums der europäischen Raumfahrtbehörde ESA sowie mehrerer terrestrischer Teleskope in Japan, Frankreich, Kanada und Hawaii wurden von ein und derselben Region Aufnahmen in unterschiedlichen Frequenzbereichen hergestellt und in einer aufwendigen Auswertung hinterher zu einer dreidimensionalen Abbildung zusammengesetzt.

Der untersuchte Bereich am Himmel hatte etwa die achtfache Größe des Vollmondes. Das Hubble-Teleskop lieferte die Daten des schwachen Gravitationslinseneffekts durch die dunkle Materie. XMM-Newton lieferte vom gleichen Gebiet Daten aus dem Röntgenbereich, durch den heiße interstellare Gase sichtbar gemacht werden konnten. Herkömmliche Teleskope lieferten die Abbildungen der sichtbaren Sterne in diesem Bereich.

Nachdem alle diese Daten gesammelt wurden, überlagerte man im nächsten Schritt die einzelnen Bilder (■ **Abb. 51**).

Abb. 51: Kompositbild in Falschfarbendarstellung mit sichtbaren Sternen, interstellaren Gaswolken und dunkler Materie.

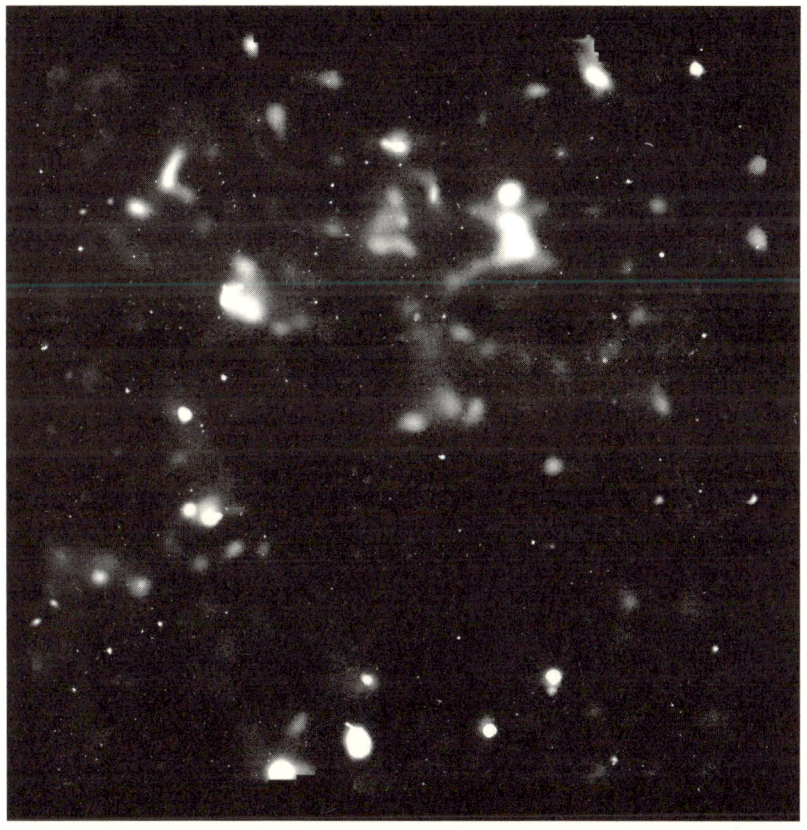

Die Dunkelmaterie als Grundmatrix des Universums

Durch Falschfarbendarstellungen lassen sich in dem resultierenden Kompositbild sehr schön die unterschiedlichen Materietypen erkennen: Sterne, interstellare Gaswolken und Dunkelmaterie. Das Bild macht erstmals Zusammenhänge im Universum sichtbar, die Astrophysiker schon lange Zeit vermuteten:

Die dunkle Materie bildet ein normalerweise unsichtbares Gerüst im gesamten Universum. Ursprünglich, d. h. nach dem Urknall, ist sie vermutlich im Universum gleich verteilt gewesen. Mit der Zeit jedoch verdichtete sich die Dunkelmaterie in bestimmten Bereichen durch die Gravitationswirkung, wobei die Anordnung der Verdichtungsknoten vermutlich durch Global Scaling bestimmt wurde.

In diesen verdichteten Bereichen wurde nun auch vermehrt sichtbare, also „normale" Materie angezogen und konnte sich ihrerseits verdichten und dadurch schließlich Sterne und Galaxien bilden.

Dies folgt unmittelbar aus der Tatsache, daß die interstellaren Gaswolken in ■ **Abb. 51** in etwa der dunklen Materie folgen. Die Dunkelmaterie ist also so etwas wie eine Grundmatrix, an der sich alle weiteren materiellen und energetischen Strukturen des Universums ausrichten.

Um das dreidimensionale Bild der dunklen Materie zu gewinnen, wurden mehrere Aufnahmen aus unterschiedlichen Entfernungen überlagert, so wie bei einer Computertomographie. Ein Journalist der Agentur Science Daily News merkte dazu etwas respektlos an, die Dunkelmaterie sehe aus „wie ein Teller Spaghetti mit Fleischklößchen, den man gegen eine Wand geworfen hat."

Nicht für jeden mögen Spaghetti einen künstlerischen Wert haben, doch diese Bilder sind schon von atemberaubender Schönheit. Sie eröffnen auch erstmals einen sichtbaren Zugang zu Denkmodellen, die bislang nur in der Theorie existierten. Wir

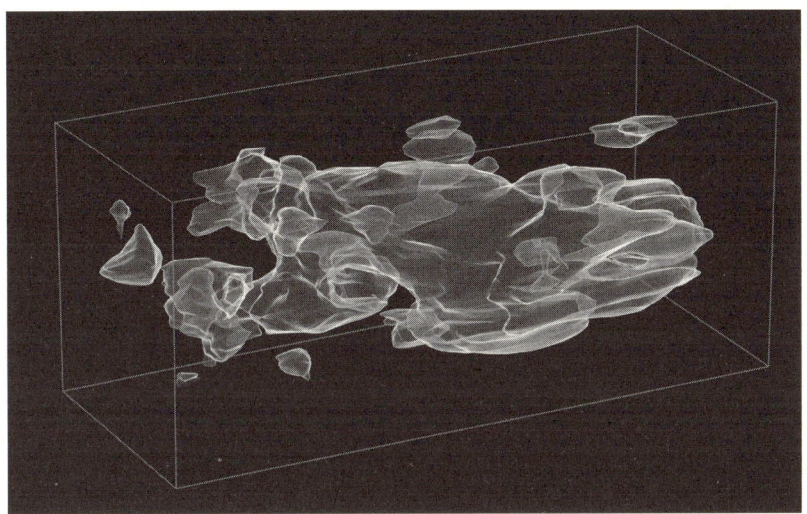

Abb. 52: Dreidimensionale „Computertomographie" der dunklen Materie. Manchen Banausen erinnerte das Bild an „Spaghetti an der Wand"

haben bereits gesehen, daß sich die sichtbare Materie im Universum nach der Verteilung der Dunkelmaterie ausrichtet. Das heißt, die dunkle Materie bildet für das sichtbare Universum ein formbildendes Feld. Das erinnert doch schon sehr stark an Sheldrakes morphogenetisches Feld. Man sollte vorsichtig mit Schlußfolgerungen sein, morphogenetische Felder mit der dunklen Materie jetzt gleichzusetzen. Möglicherweise bildet sie nur eine Trägersubstanz, auf der das morphogenetische Feld operiert, wobei das Feld selbst in einer höheren Dimension angesiedelt ist. Auf jeden Fall ist es wohl nicht zu bestreiten, daß die dunkle Materie ein kosmisches Informationsfeld bildet.[7]

Axionen

Gehen wir jetzt zurück in der Zeit, zum Moment des Urknalls, also zu dem Augenblick, als das Universum aus einem einzigen

Punkt heraus zu expandieren begann. In diesem ersten Moment gab es noch nicht viel, jedenfalls noch keine Materie, im Grunde auch keinen Raum und keine Zeit. Vielleicht gab es schon ein paar immaterielle Ideen. Und noch etwas mehr bildete sich in diesen ersten Sekundenbruchteilen des Universums: *kosmische Axionen*.

Axionen sind Elementarteilchen, die auf ihren experimentellen Nachweis bis heute noch warten. Ihre Existenz folgt aus bestimmten Inkonsistenzen in den Formeln der Quantenphysik (genauer: der Vereinheitlichten Feldtheorie (GUT)). Ihre Existenz wurde erstmals von dem amerikanischen Physiker *Richard Feynman* postuliert. Beobachtet hat man sie allerdings noch nicht. Beim Lawrence Livermore National Laboratory in den USA läuft derzeit ein Forschungsprojekt, um die Axionen dingfest zu machen, ebenso bei CERN in Genf. Der Nachweis dieser extrem kleinen Teilchen ist sehr schwierig, da sie elektrisch neutral sind und keinen Spin besitzen und daher auch mit anderer Materie nur äußerst schwach wechselwirken. Ein vielversprechender Ansatz könnte daraus folgen, daß sich Axionen unter bestimmten Bedingungen in Photonen verwandeln können. Diese Eigenschaft hat noch weitere einschneidende Konsequenzen, auf die wir noch eingehen werden.

Axionen wären nicht die ersten Elementarteilchen, die zunächst nur berechnet und erst später entdeckt wurden. Aufgrund dieser Berechnungen kennt man ihre Eigenschaften allerdings schon relativ genau. Sie haben eine unglaublich kleine Masse (etwa ein Milliardstel der Masse des Elektrons), sollen dafür aber zu den häufigsten Teilchen im Universum gehören. Es soll etwa 10 Trillionen Mal mehr Axionen geben als Protonen und Neutronen, aus denen unsere eigentliche Materie im Wesentlichen aufgebaut ist. Sie existieren sozusagen schon in der Grauzone zwischen der Materie und immateriellen Bereichen. Sie werden heute als einer der Hauptbestandteile der dunklen Materie angesehen.

Gigantisches „Loch" im Universum entdeckt

Wissenschaftler der Universität Minnesota haben ein riesiges „Loch" im Universum entdeckt. Einer Publikation im Astrophysical Journal zufolge fanden sie im Bereich des Sternbildes Eridanus eine Blase mit einem Durchmesser von fast einer Milliarde Lichtjahre, in dem es absolut nichts gibt, keine Sterne, keine Galaxien, keine interstellaren Staubwolken. Sogar die geheimnisvolle Dunkelmaterie fehlt dort vollkommen. Kleinere leere Bereiche im Weltall waren na-

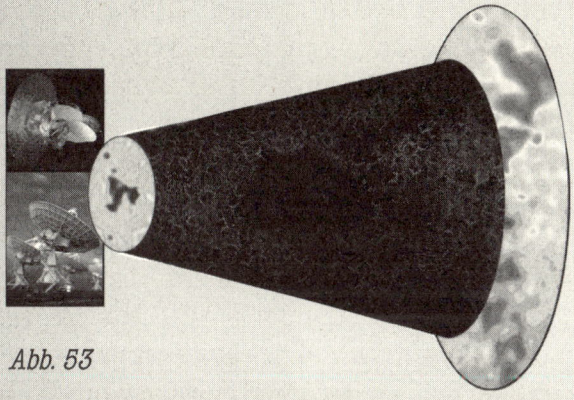

Abb. 53

türlich auch schon früher bekannt, ein „Nichts" von diesen Ausmaßen jedoch bezeichnen die Forscher als nicht normal. Keine bekannte Computersimulation hätte eine solch gigantische Leere erwarten lassen, so die Astrophysikerin Liliya Williams. Die Wissenschaftler hatten das „Loch" bei der Auswertung von Daten des „Very Large Array"-Radioteleskop-Observatoriums in New Mexico entdeckt. Bereits Messungen der kosmischen Hintergrundstrahlung (auch als „Echo des Urknalls" bezeichnet) deuteten darauf hin, daß es im Universum einen gigantischen kalten Fleck geben müßte, in dem keinerlei Materie existiert. Man vermutet, das Loch sei ein „Verlierer" bei der Verteilung der Materie nach dem Urknall gewesen, da andere, massereichere Gebiete durch ihre Gravitationswirkung zu schnell alle Materie an sich gerissen hätten.

Nach der Theorie entstanden die kosmischen Axionen so früh nach dem Urknall, daß selbst unsere heute bekannten Grundkräfte wie Gravitation und Elektromagnetismus noch vereinheitlicht waren. Daraus folgt aber auch, daß sie nicht, wie die anderen bekannten Materieteilchen, aus thermischen Prozessen entstanden. Sie bewegen sich daher praktisch gar nicht, und ihre Temperatur liegt nahe beim absoluten Nullpunkt (0° Kelvin = -273,15° C).

Wenn nun die kosmischen Axionen an relativ festen Orten im Universum verteilt sind, bilden sie aufgrund ihrer Eigenschaften eine überall gegenwärtige Matrix, eine Art Gitter. Die Physiker sprechen vom kosmischen Axionenfeld. Und jetzt kommt der Knalleffekt: Im Gegensatz zu anderen bekannten Materieteilchen, die relativ chaotische Bewegungen vollführen, sind die kosmischen Axionen hochgradig kohärent. Einen solchen Zustand nennt man *Bose-Einstein-Kondensat*, und man weiß, daß ein Axionenfeld mit derartigen Eigenschaften eine *nichtlokale Kommunikation über sehr große Entfernungen* erlaubt, und zwar unabhängig von der Lichtgeschwindigkeit.

An dieser Stelle muß streng unterschieden werden zwischen kosmischen Axionen und z. B. solaren Axionen, die im Innern der Sonne entstehen können. Nur *kosmische* Axionen bilden ein Bose-Einstein-Kondensat.

Das kosmische Axionenfeld wäre also wie geschaffen für einen gigantischen, im Universum allgegenwärtigen Informationsspeicher sowie als Trägersubstanz für informationstragende Quantenwellen, kurz gesagt: für „aktive Information".

Tatsächlich vermuten die Physiker, daß das Axionenfeld Träger der Pilotwellen der Materie ist.

Das würde aber heißen, daß die gesamte Entwicklung des Universums nicht zufällig abläuft. Sie würde vielmehr gelenkt aus einem zugrundeliegenden Informationsfeld, dessen Träger die kosmischen Axionen sind. Das Axionen-Informationsfeld könnte in der Tat eine Schnittstelle sein, über die sich das morphogenetische Feld in der Raumzeit ausdrückt, so daß sich die dort gespeicherten Informationsmuster in der Materie manifestieren können.[26]

Es gibt auch schon Vorstellungen darüber, wie diese Manifestation funktionieren könnte. Zum Beispiel ergaben die Berechnungen der Quantenphysiker, wie schon erwähnt, daß sich Axionen unter bestimmten Bedingungen in Photonen verwandeln können, und zwar unter Einwirkung eines starken elektromagnetischen Feldes. Auf diese Weise würde auch die Information aus dem Axionenfeld (und damit letztendlich aus dem morphogenetischen Feld) über die korrespondierenden Photonen in den elektromagnetischen Anteil z. B. des menschlichen Aurafeldes gelangen und von dort bis in die DNA in den Zellen. Aus der Wellengenetik wissen wir, daß die DNA Informationen aus Licht aufnimmt, speichert und weiterverarbeitet.

Der sichtbare Nachweis der dunklen Materie als kosmisches Informationsfeld ist ein entscheidender Schritt zur Überbrückung der (scheinbaren) Gegensätze zwischen Materie und Geist. David Bohm schrieb früher zu diesem Thema: *„Die Beziehung zwischen Geist und Materie erhält ... einen neuen Zugang. Dieser Zugang basiert auf der kausalen Interpretation der Quantentheorie, in der z. B. ein Elektron betrachtet wird als eine untrennbare Einheit eines Teilchens und eines Feldes. Dieses Feld hat jedoch einige neue Eigenschaften, die als Hauptquellen der Unterschiede zwischen Quantentheorie und klassischer Newtonscher Theorie gesehen werden können. Diese neuen Eigenschaften legen nahe, daß das Feld so betrachtet werden kann, daß es objektive und aktive Informationen enthält, und daß die Aktivität dieser Information in gewisser Weise ähnlich ist zu der Aktivität der Information in unserer normalen subjektiven Erfahrung. Die Analogie zwischen Geist und Materie ist also sehr eng. Diese Analogie führt zu einem Vorschlag für ein generelles Gerüst einer neuen Theorie von*

Geist, Materie und ihrer Beziehung, in der das Grundprinzip eher Teilnahme als Wechselwirkung ist. "[2]

Wenn man diese Struktur von Zeit, Raum und Nichtlokalität verstanden hat, könnte man das Axionenfeld für Kommunikationstechnologien in kosmischen Dimensionen nutzen. In diesem Moment verliert der begrenzte Wert der Lichtgeschwindigkeit seine Bedeutung. Im Rahmen einer solchen Technologie treffen Materie und Geist, Zeit und Raum, Bewußtsein und Elektromagnetismus zusammen. Informationen, die in das kosmische Axionenfeld eingespeist werden, stehen in Echtzeit an beliebigen Orten des Universums zur Verfügung. Im Sinne des Global Scaling sind Axionen Schwingungsknoten, die in Resonanz zueinander stehen. Hybridtechnologien, die Frequenzen und Gedanken verbinden, werden auch innerhalb der Box im Rahmen von Mind-Control-Projekten bereits umfassend erforscht und eingesetzt.

An dieser Stelle möchten wir auch noch einmal auf Viktor Grebennikow und seine Antigravitations-Plattform zurückkommen. Auf den Seiten 41 und 51 beschrieben wir eine Art von Kokon, der sich im Antischwerkraftmodus rund um das Fluggerät und seinen Piloten bildete und ihn zeitweise unsichtbar machte.

Da wir inzwischen wissen, was eine Gravitationslinse ist, kann man diese Äußerungen Grebennikows vielleicht noch treffender formulieren: Im Antischwerkraftmodus wirkte der „Kokon" rund um seine Plattform wie eine Gravitationslinse. Das würde bedeuten, Grebennikow und sein Apparat waren für einen außenstehenden Beobachter unsichtbar. Statt dessen sah der Beobachter das, was sich hinter der Plattform befand, weil das Licht von dahinterliegenden Objekten um den Kokon herumgeleitet wurde (siehe hierzu auch ■ **Abb. 50**). Sofern der Gravitationslinseneffekt nicht vollständig war, sind alle Zwischenstufen verzerrter Wahrnehmung der Plattform bzw. der Wahrnehmung von Lichterscheinungen denkbar. Irgendwie clever, nicht wahr?

Ein Gedankenexperiment

Wir wollen jetzt eine Simulation mit dem Namen „Kontakt" durchführen und möchten Sie bitten, dabei mitzumachen. Denken wir uns folgendes Szenario:

Die NASA hat bekanntgegeben, daß das Hubble-Weltraumteleskop ein unbekanntes kosmisches Objekt registriert hat. Es ist auf unmittelbarem Kurs zur Erde. Das Objekt befindet sich bereits in unserem Sonnensystem, innerhalb des Asteroidengürtels. Es sendet Radiosignale in Richtung Erde, die von den Wissenschaftlern als intelligent klassifiziert werden. Eine Dekodierung der Signale ist bislang nicht gelungen.

Die Beobachtungen der NASA wurden durch Datenabgleich mit mehreren astronomischen Observatorien sowie mit dem SETI-Projekt verifiziert.

Zur Zeit weiß man weder etwas über die Besatzung des Objektes noch über ihre Absichten. Die Berechnungen der Wissenschaftler haben ergeben, daß es in etwa eineinhalb Monaten die Erde erreichen wird.

1   Was denken Sie? Wie sollten die Politiker der Welt mit dieser Nachricht umgehen?

    a. Sie sollten den Vorfall geheimhalten.

    b. Es sollten weltweit offizielle Meldungen zu dem Vorfall über die Medien verbreitet werden.

2.   Sind Sie der Meinung, daß Sie bis jetzt durch Politiker, Wissenschaftler und Medien ausreichend über das Thema „extraterrestrisches Leben" informiert wurden?

Man hat sich schließlich doch dazu entschieden, die Bevölkerung zu informieren. Alle Medien – Presse, Rundfunk, Fernsehen, Internet – bringen regelmäßig die neuesten Meldungen und Erkenntnisse zu dem Ereignis sowie die Stellungnahmen von Experten.

3. Was ist Ihr erster Gedanke, wenn Sie das hören? Glauben Sie an die Nachricht sofort oder erst nach mehrfacher Bestätigung?

4. Was empfinden Sie, sobald Sie die Nachricht ernst nehmen?

   a. Unsicherheit – b. Panik – c. Freude – d. Gelassenheit e. Neugier – f. Empörung – g. Sonstiges

5. Haben Sie Angst vor einer Konfrontation?

6. Haben Sie Angst vor eventuellen unbekannten Krankheiten?

7. Würden Sie eine umfassende Berichterstattung in den Medien mit Diskussionen zwischen Experten, Hintergrundberichten etc. für sinnvoll halten?

8. Wie würde sich Ihrer Meinung nach die Lage im Verlauf der eineinhalb Monate Wartezeit bis zur Ankunft des Objekts weiterentwickeln?

   a. Wird man versuchen, das Objekt bereits vor der Ankunft abzuschießen?
   b. Wie werden esoterische Kreise reagieren?
   c. Wird sofort weltweit mehr Geld für Rüstung ausgegeben werden?
   d. Werden sich die Großmächte – die USA, Rußland und China – zusammentun, oder wird jeder seinen eigenen Weg gehen?
   e. Sollte man ein Repräsentantenkomitee auswählen, das bei Ankunft der Fremden die ganze Erde repräsentiert?
   f. Wenn ja, wer sollte diesem Komitee angehören?
   Die Staatschefs der G8-Staaten? Der UN-Generalsekretär? Der Papst? Der Dalai Lama? usw.

9. Was denken Sie, mit welchen Absichten könnten die Extraterrestrischen zu uns kommen?

a. Um uns zu helfen.
b. Um uns wissenschaftliche Erkenntnisse zu bringen.
c. Um auf der Erde nach Ressourcen zu suchen, die sie selbst dringend benötigen.
d. Um die Erde zu erobern und uns zu ihren Untertanen zu machen.
e. Um die Menschheit zu vernichten.

(Sollten Sie sich spontan für eine der Möglichkeiten entschieden haben – denken Sie bitte daran: Niemand konnte bislang die Radiosignale entschlüsseln. Wie sicher können Sie also sein, daß nicht eine der anderen Möglichkeiten zutrifft?)

10. Was schätzen Sie, wie die Kirchen auf den Vorfall reagieren werden?

11. Welche Reaktionen erwarten Sie an der Börse? An den Rohstoffmärkten?

12. Was denken Sie – nach wie vielen Tagen könnte es zu Chaos und einer allgemeinen Massenpanik kommen? Welche Reaktionen aus der Bevölkerung erwarten Sie?
    a. Hamsterkäufe von Lebensmitteln, Benzin, Kerzen etc. mit daraus resultierender Warenverknappung?
    b. Schwarzhandel?
    c. Plünderungen und Diebstähle?
    d. Selbstbewaffnung weiter Kreise der Bevölkerung und zunehmende Selbstjustiz?
    e. Könnten die Regierungen den allgemeinen Ausnahmezustand ausrufen?
    f. Werden die Kirchen weltweit Gottesdienste mit Friedensgebeten abhalten?

Die Regierung gibt bekannt, daß für den Fall einer Bedrohung durch die Extraterrestrischen unterirdische Schutzräume bzw. Schutzstädte zur Verfügung stehen, in die ein Teil der Bevölkerung evakuiert werden könnte.

13. Wären Sie bereit, möglicherweise für unabsehbare Zeit in einer solchen unterirdischen Schutzstadt zu leben?

14. Für den Fall, daß die Extraterrestrischen mit feindlichen Absichten zu uns kämen, wäre zu erwarten, daß sie schon vor einer Landung auf der Erde unsere Kommunikationssysteme lahmlegen würden. Welche Kommunikationswege sind Ihrer Meinung nach die sichersten und würden am längsten überdauern?

   a. Post – b. Festnetztelefon – c. Mobilfunk –
   d. Rundfunk und Fernsehen – e. das Internet

15. Würden Sie den Tag der Ankunft der Besucher gern im Kreise Ihrer Familie oder Freunde verbringen?

Nehmen wir an, nach der Landung stellt sich heraus, daß die Besucher in friedlicher Absicht gekommen sind. Es kommt zu einer allgemeinen Entspannung, und Freude bricht aus. In der Zwischenzeit jedoch war es zu einer Destabilisierung der Gesellschaftssysteme weltweit gekommen, mit schweren Zerstörungen und zahlreichen Todesopfern. Kehren wir also in diesem Moment zurück zu Frage 1 und denken noch einmal darüber nach:

16. Was denken Sie? Wie sollten die Politiker der Welt mit der Nachricht über die bevorstehende Landung der Extraterrestrischen umgehen?

   a. Sie sollten den Vorfall geheimhalten.
   b. Es sollten weltweit offizielle Meldungen zu dem Vorfall über die Medien verbreitet werden.
   c. Oder haben Sie noch einen anderen Vorschlag?

6

Status: Nicht existent!

Heute kann man es sich nicht mehr leisten, so zu tun, als gäbe es die unbekannten Flugobjekte nicht. Die Veröffentlichung zahlreicher Top-Secret-UFO-Akten durch mehrere Länder in den letzten Jahren legt den Schluß nahe, daß die Zeit für die Offenlegung gezielt gewählt wurde. Das würde bedeuten, daß das Militär mittlerweile etwas hat, das einen Dialog oder eine irgendwie geartete Kommunikation mit diesen Objekten erlaubt bzw. eine Verteidigung gegen sie ermöglicht.

Es gibt im Grunde drei Möglichkeiten:

1. UFOs kommen aus dem Weltraum. Dies ist die gängigste Interpretation, die jedoch aus den bekannten Fakten nicht zwingend folgt.
2. UFOs kommen aus einer anderen Zeitzone.
3. Bei den UFOs handelt es sich um irdische Geheimtechnologie.

Diese drei Alternativen schließen sich nicht gegenseitig aus. Es ist durchaus denkbar, daß es für alle drei Möglichkeiten Fallbeispiele gibt.

Die Kreise, die das Wissen und die Technologie „außerhalb der Box" haben, verfolgten jahrzehntelang eine ganz klare Taktik: *„Da draußen ist gar nichts!"* Es war viel besser, sich still zu verhalten, selbst das SETI-Programm[21] war ihnen noch zu „laut". Man sollte den Weltraum und alles, was da vor sich ging, nur aufmerksam beobachten, und zwar so lange, bis man eine Strategie und eine Technologie für einen adäquaten Umgang mit den unbekannten Flugobjekten hätte.

Die Freigabe eines Teils der Top-Secret-UFO-Akten legt daher nahe, daß man diese Strategie inzwischen gefunden hat. Und das ist eine Doppelstrategie: Zum einen geht es natürlich hinter den Kulissen tatsächlich um Weltraumverteidigung und Kommunikation. Zum anderen wird die öffentliche Informationspolitik jetzt zunehmend geändert – von einer *Strategie des Schweigens* zu einer *Strategie der Angst!*

Die Wahrscheinlichkeit ist „endlich"

Die statistische Wahrscheinlichkeit, daß extraterrestrisches Leben existiert, ist *endlich*, wie von den meisten Wissenschaftlern mittlerweile anerkannt wird. „Endlich" bedeutet, sie ist *nicht Null*. Es bleibt nur die Frage zu klären, wie groß oder klein sie ist. Es ist hier nicht so wie bei Parlamentswahlen, bei denen alles, was unter fünf Prozent liegt, unter den Tisch fällt. Angesichts der Milliarden und Abermilliarden von Sternen und Planeten im Universum würde bereits eine Wahrscheinlichkeit von einem Promille zu Millionen von Zivilisationen allein in unserer Milchstraße führen.

Zur Zeit liegen freigegebene UFO-Akten von folgenden Organisationen vor: Vom ehemaligen *KGB* der Ex-Sowjetunion, in den USA von der *National Security Agency* (NSA)[28], von der *CIA*, vom *FBI*, in Großbritannien vom *Defence Intelligence Staff* des Verteidigungsministeriums (MOD), in Frankreich vom *CNES (Centre National d'Etudes Spatiales)*, dem französischen Gegenstück zur NASA. Auch Spanien und Irland haben inzwischen UFO-Akten veröffentlicht. Selbstverständlich sind alle diese Akten nicht vollständig und enthalten in der Regel viele geschwärzte Passagen, die nach wie vor der Geheimhaltung unterliegen.

Die detailliertesten Fakten zum Thema UFOs lieferten die Briten, die eine Studie des Verteidigungsministeriums von mehreren hundert Seiten veröffentlichten (siehe S. 129ff)[39]. Einer der Kernpunkte der Studie ist die Graphik in ■ **Abb. 54**. Sie zeigt die Anzahl der UFO-Sichtungen, die dem britischen Geheimdienst pro Jahr zugänglich wurden. Seit 1966 waren dies jedes Jahr mehr als hundert.

In einer detaillierten Untersuchung versuchten die Geheimdienstler herauszufinden, inwieweit sich die Berichte auf bekannte Verwechslungen mit Satelliten, Weltraumschrott,

Abb. 54: UFO-Statistik des britischen Verteidigungsministeriums

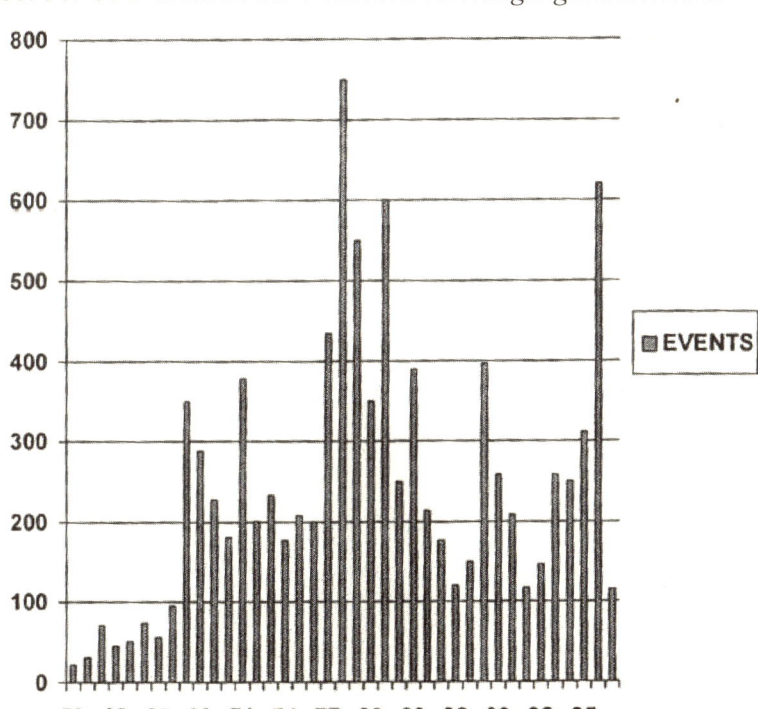

Ballons, Himmels- und meteorologischen Phänomenen, Flugzeugen etc. erklären lassen. Jedes Jahr blieb ein nicht geringer Anteil unerklärbarer Sichtungen übrig. Der Prozentsatz schwankte zwischen 3 und 25%, im Mittel erwiesen sich etwa 10% als tatsächlich *unidentifizierte Flugobjekte*. Schaut man noch einmal auf die Graphik, so sind dies zwischen 10 und 80 echte UFO-Sichtungen pro Jahr, und das allein in Großbritannien. Dabei muß man noch die Dunkelziffer berücksichtigen. Schätzungen zufolge werden 80-90% aller UFO-Sichtungen nie den Behörden gemeldet.

Die Einschätzung der UFO-Thematik ist naturgemäß in den einzelnen Ländern unterschiedlich. Die Briten kommen z. B. zu dem Schluß, daß sich in keinem der von ihnen untersuchten Fälle ein UFO als offen feindselig erwiesen hatte. Insofern existiere das Phänomen zwar, habe aber zumindest derzeit keine *„defence relevance"*. [39] Die Amerikaner hingegen, die ja auch bei irdischen Konflikten gern zuerst schießen, bevor sie Fragen stellen, sehen die Lage skeptischer. Solange wir nicht das Gegenteil wissen, können wir mögliche feindliche Invasoren aus dem All nicht ausschließen, so das Statement der NSA in ihren „Top Secret Umbra"-Akten. [28]

Es ist schwer zu sagen, wer recht hat. Die Wahrscheinlichkeit, ob andere intelligente Lebensformen nach unseren Moralvorstellungen als „gut" oder „böse" einzustufen sind, beträgt zunächst einmal „fifty-fifty". In der Praxis dürfte die Mehrheit der extraterrestrischen Zivilisationen dem statistischen Durchschnitt entsprechen, also weder absolut gut noch absolut böse sein. Wie dieser „Durchschnitts-Alien" im Detail aussieht, davon haben wir natürlich keine Ahnung. Schließlich kennen wir bislang nur ein Beispiel einer (mehr oder weniger) intelligenten Zivilisation – uns selbst. Ein Beispiel also, das nicht gerade vielversprechend klingt...

Andererseits sollte man auch nicht jeden zum Frühstück einladen...

Reaktion auf das Unbekannte

Das Gedankenexperiment, das wir vor diesem Kapitel mit Ihnen durchgeführt haben, sagt nicht viel über extraterrestrisches Leben aus. Es sagt etwas über uns und unsere menschliche Psyche aus. Selbstverständlich – wir, die Autoren, und Sie, unsere Leser, sind mit der ganzen Thematik schon vertraut. Und doch: Selbst wir würden auf eine Bekanntgabe eines bevorstehenden Besuchs aus dem All höchst unterschiedlich reagieren. Mehr noch: So sehr wir uns auch ein umfassendes Wissen über UFOs und Extraterrestrische wünschen mögen – im Moment, wo dies für uns alle greifbar real wäre, wären wir Gefangene der Verhaltensmuster unserer Angehörigen, Nachbarn, Arbeitskollegen und der restlichen Bevölkerung.

Dieses Problem ist teilweise ein Resultat der jahrzehntelangen Taktik, die die gesamte Thematik zum Verschweigen oder zum Auslachen verurteilte. Noch in den fünfziger Jahren wäre die Veröffentlichung geheimer UFO-Akten durch die NSA oder das britische MOD für die Medien eine Bombe gewesen. Heute würden solche Nachrichten in Deutschland fast unbemerkt bleiben, wenn wir nicht den „Spiegel" hätten. Er kommentierte nämlich die britische UFO-Studie im September 2006, das britische Militär habe in dreißig Jahren *„nichts gefunden"*.

Kommunikation außerhalb der Box

Obwohl also kein Mensch je etwas gefunden hat, ist der weitere Weg im Moment schon klar vorgezeichnet. Es geht um Dialog oder Verteidigung. Bei beiden Alternativen spielt das

Wissen über Antigravitation und geeignete elektromagnetische Frequenzen eine entscheidende Rolle.

Ab diesem Punkt werden wir bestimmte Teile unseres Textes im Konjunktiv schreiben, da wir sicher sind, daß Sie und wir einander schon richtig verstehen. Wir werden uns ab jetzt hauptsächlich „außerhalb der Box" aufhalten.

Es muß klar sein, daß wir im Moment nur über Objekte reden, die sich bereits in Erdnähe befinden, so daß unsere gewohnte Kommunikationstechnik bereits praktikabel ist. Wenn sich ein unbekanntes Objekt noch in einem Warp befindet, können keine Informationen zu ihm hindurchdringen, da der Warp das Eindringen jeglicher Energien verhindert, solange das Objekt mit Warp-Geschwindigkeit fliegt. Der Grund ist, daß ansonsten die Gesetze der Kausalität verletzt würden.

Seriöse Informationen über einen möglichen Dialog mit Extraterrestrischen zu erhalten, ist extrem schwierig. Wenn wir etwas „Unobtanium" hätten, wäre vermutlich vieles leichter (Hinweis für unsere Leser: „Unobtanium" ☺ ≠ „Ununpentium" = Element 115).

Wäre ein E.T. bereits in Reichweite, so daß wir ihn in vernünftiger Zeit mit Radiowellen anfunken könnten, dann würden uns die in Science-Fiction-Filmen oft vorkommenden Linguisten vermutlich gar nichts nutzen. Es wäre naiv zu glauben, unsere Linguistik sei bereits so hoch entwickelt, daß wir die Sprache eines Extraterrestriers entschlüsseln könnten.

Spielbergs Methode mit Farben, Musik und Gestik reicht allenfalls dazu, um Hallo oder Willkommen zu sagen, mehr nicht. Wir kommen hier zum Problem der Kompatibilität zwischen den Besuchern und uns (wie in unserem Gedankenexperiment – Radiosignale, die nicht decodierbar waren).

Wenn wir ein intelligentes Radiosignal auffangen, so ist und bleibt es erst einmal ein rein physikalisches Signal. Geheimdienstler sprechen von SIGINT (Signals Intelligence).

Exotische Materialien

Ununpentium, auch Element 115 genannt, konnte vor einigen Jahren erstmals im Labor hergestellt werden. Bereits Jahre zuvor wurde aufgrund seiner Position im Periodensystem der Elemente vorhergesagt, daß es sich um ein stabiles (d. h. nicht radioaktives) Element handeln würde, das gravitationsabschirmende Eigenschaften hat. Das Element wurde seit Jahren in Forscherkreisen mit Antriebssystemen für Raumschiffe in Verbindung gebracht.

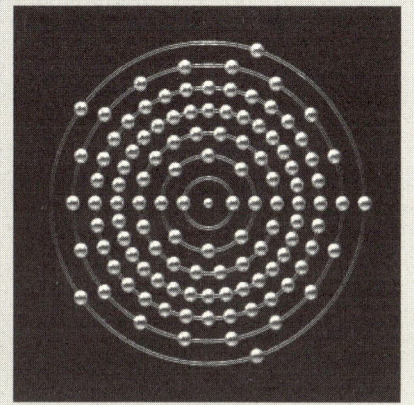

Abb. 55: Das Ununpentium-Atom hat eine pentagonale Struktur

Unobtanium ist ein Begriff aus der Hollywood-Filmindustrie für ein nichtexistentes Material (von engl. „unobtainable" = unerhältlich). Der Begriff wird häufig in Publikationen über eine „nicht existierende" Agency benutzt, wenn „nicht existierende" Technologien beschrieben werden sollen. Die Autoren sind zumeist Leute, die der genannten „nicht existierenden" Agency nahestehen.

Impervium ist ein Begriff aus der Mystery-Literatur und bezeichnet dort ein unzerstörbares Metall. Auch dieser Begriff wird häufig im Zusammenhang mit „nicht existierenden" Technologien verwendet.

Sollten Sie zufällig ein nicht existierendes Periodensystem zur Hand haben, können Sie diese Elemente gern dort an geeigneter Stelle einfügen! ☺

Um daraus COMINT (Communications Intelligence), also eine verständliche Botschaft, zu machen, muß man das Signal entschlüsseln, und das dürfte eine fast unüberwindliche Hürde darstellen. Außerdem – wer sagt denn, daß sich die Aliens überhaupt durch eine Art von Sprache verständigen?

Entscheidend dürfte sein, ob die anderen an einer Kommunikation mit uns interessiert sind und ob *sie* das dazu notwendige Wissen bzw. die Technologie haben.

Man kann davon ausgehen, daß mögliche extraterrestrische Besucher über uns Menschen bereits relativ genau informiert wären, noch bevor sie die Erde erreichen würden. Wir machen es ihnen nicht allzu schwer. Tagtäglich senden wir rund um die Uhr unsere Visitenkarte in Form von Fernseh- und Rundfunksendungen, Mobilfunkgesprächen usw. drahtlos rund um die Erde und bis weit ins Weltall. Das ist nicht nur ein Eldorado für Geheimdienste in aller Welt, sondern auch für jeden sonst, der an uns interessiert ist. Er braucht nur zuzuhören. „E. T." könnte auf diese Weise ganze Persönlichkeitsprofile der Menschen erstellen, was wir mögen oder nicht mögen, was wir gern essen, was wir leisten können und wo unsere Schwachpunkte liegen.

Militärexperten empfehlen daher seit längerer Zeit, unsere drahtlose Kommunikation so weit wie möglich zu minimieren und auf terrestrische Kabel als Übertragungswege auszuweichen. Dadurch könnten wir eine größere Abhörsicherheit erreichen, was auch bedeutet, daß wir nicht so schnell von jemandem ausfindig gemacht werden, der vielleicht nicht so nette Pläne mit uns hätte.

Jetzt können wir auch die Frage 14 aus unserem Gedankenexperiment beantworten, welche Kommunikationsmethode am ehesten einen Angriff, etwa durch Strahlenwaffen aus dem Orbit, überstehen würde. Die herkömmliche Post würde natürlich in jedem Fall weiter existieren. Solange es noch Menschen gibt, können sie sich gegenseitig, notfalls zu Fuß, schriftliche Nachrichten zukommen lassen. Von den moderneren Kommunikationsmedien würde – und das klingt vielleicht überraschend – am ehesten das Internet überleben. Ursprünglich als „Arpanet" für die Forschungsabteilung des Pentagon (DARPA) konzipiert, ist das Internet von vornherein so angelegt, daß es einen Nuklearkrieg überstehen würde. Gemeint ist damit natürlich die terrestrische Internet-Kommunikation, keine drahtlosen Zugänge über WLAN oder Handynetze. In jedem Fall sind drahtlose Kommunikationsmethoden am anfälligsten.

Die Basis am North West Cape ist nach allem, was wir jetzt wissen, bestens dafür geeignet, um Kommunikationsversuche mit möglichen extraterrestrischen Raumschiffen in Erdnähe zu starten. Durch die hexagonale Anlage kommen Antigravitationseffekte ins Spiel, mit deren Hilfe mögliche Antigravitations-Schutzschilde des Raumschiffs durchdrungen werden könnten (vorausgesetzt, es befindet sich nicht mehr im Warp). Die riesigen Antennen könnten dann elektromagnetische Signale senden oder empfangen. Auch für die Aufrechterhaltung der Kommunikation wäre die hexagonale Anlage hilfreich, da sie dauerhafte Verbindungen zu schnell bewegten Objekten erleichtert. Ob aus dem bloßen Empfangen von Signalen eine echte Kommunikation wird, die wir auch verstehen können, hängt natürlich allein vom Wissen der Betreiber ab und nicht von den Antennen und deren Anordnung.

Noch weiter außerhalb der Box kann man zu diesem Thema im Moment nicht gehen.

Planetare Verteidigungsstrategien

Die Verteidigungspläne des US-Militärs gegen mögliche Flugobjekte aus dem Weltraum beinhalten eine Reihe von Schritten: Verstecken – abwarten – begrüßen – warnen – dann schießen. Eine zweite Option, die sich das Militär auch noch offenhält, lautet: Auf jeden Fall schießen.

Abb. 56 und 57: Chemischer Infrarot-Laser vom Typ MIRACL

Eine mögliche Auseinandersetzung mit Extraterrestriern würde für die USA eine neue Herausforderung darstellen. Mit *asymmetrischer Kriegführung* sind sie aus den Kriegen in Vietnam, Afghanistan und dem Irak vertraut. In diesem Fall wären sie jedoch erstmals selbst in der Rolle des technisch Unterlegenen.

Um mögliche Landungen auf der Erde zu vermeiden, entwickelte man bereits eine ganze Reihe von Strahlen- und Energiewaffen der neuesten Generation. An diesen Programmen wird weiterhin mit Hochdruck gearbeitet.

Dazu gehören folgende militärische Systeme und Subsysteme, deren Namen einigermaßen futuristisch klingen:

Gerichtete Energiewaffen, Beam-Waffen, chemische Laser (z. B. vom Typ MIRACL), Radiofrequenzwaffen (RF), HPM-Waffen (Hochenergie-Mikrowellen), frequenzbewegliche breitbandige Klystrons u. v. m.

Nicht alle diese Systeme sind bereits im Einsatz, einige befinden sich noch im Stadium der Planung und Entwicklung.

Als mögliche verbesserte Antriebssysteme für Raumschiffe (eine der größten Schwächen unserer Raumfahrt) sind im Gespräch: Gasnukleare Raketen mit einer Endgeschwindigkeit von 200 km/s (die Fluchtgeschwindigkeit erster Art zum Erreichen des Erdorbits beträgt etwa 9 km/s), Ionentriebwerke oder Plasma-Jets.

Defense Support Program und SDI

In den ersten Jahrzehnten nach dem zweiten Weltkrieg gab es ein internationales Einvernehmen, daß der Weltraum ausschließlich zu friedlichen Zwecken genutzt werden sollte. So wurde die NASA 1958 ausdrücklich als zivile Behörde gegründet und 1967 der *Weltraumvertrag* auf der Basis einer Erklärung der Vereinten Nationen von 98 Staaten unterzeichnet.

Dieser Konsens wurde durch US-Präsident Ronald Reagan 1983 einseitig aufgekündigt, als er ein Weltraumverteidigungssystem ins Leben rief, die *Strategic Defense Initiative* (SDI). Dadurch wurden auch die NASA und das Space Shuttle Programm zunehmend militarisiert.

Nach der Challenger-Katastrophe 1986 kam es zu einem 20jährigen Teststopp für Weltraumwaffen. Das Unglück stand nach Ansicht von Experten mit der Übernahme der NASA-Mission durch das Militär in Verbindung. [23]

2006 autorisierte Präsident George W. Bush eine neue Weltraumpolitik, in der er erneut hegemoniale Ansprüche der USA für den Weltraum anmeldete. In dem internen Arbeitspapier des Weißen Hauses[42] war auch mehrfach von *„foreign space entities"* (fremden Weltraumwesen) die Rede.[5]

Zum SDI-Programm gehören nicht nur Weltraumwaffen, sondern auch Spionagesatelliten des *Defense Support Program* (DSP). Nach neueren Erkenntnissen sind diese Lauschposten im Orbit zum Teil auch in Richtung Weltraum ausgerichtet und überwachen und klassifizieren sogenannte *Fastwalker*, unbekannte Flugobjekte, die bekanntermaßen häufig in der oberen Atmosphäre operieren und dann wieder in Richtung Weltall verschwinden.[3]

Der MIRACL-Laser ist, obwohl er auf dem Bild vielleicht relativ harmlos aussehen mag, eine Hochenergie-Strahlenwaffe mit einer Leistung im Megawattbereich. Der Laserstrahl kann bis zu 70 Sekunden ununterbrochen aufrechterhalten werden (■ **Abb. 56** und **57**). Taktische Hochenergie-Laser vom Typ THEL sind ebenfalls zum Einsatz gegen Objekte im Orbit vorgesehen. Diese Waffen gibt es auch als mobile Version (MTHEL), die auf Lastwagen verladen werden kann (■ **Abb 58** und **59**).

Noch weiter außerhalb der Box benutzt man jetzt sogar die Chaostheorie, die wir in unserem friedlichen wissenschaftlichen Leben mit farbenfrohen Fraktalbildern verbinden. Hier geht es darum, sich die Chaostheorie für die Verbesserung von Waffensystemen zunutze zu machen. Es geht vor allem um eine verbesserte Kontrolle von RF-Strahlenwaffen sowie für hochverstärkende, ultrabreitbandige Antennen. Die mehrfach ge-

Abb 58 und 59: Mobile taktische Laserwaffen vom Typ MTHEL

schachtelte Hexagonalstruktur der Antennenanlage am North West Cape beginnt mehr und mehr Sinn zu machen. Offenbar erfüllt sie eine ganze Reihe von Zwecken gleichzeitig...

Ähnlich futuristisch klingt der Plan, Schwärme von Mikro-, Nano- und Picosatelliten im Orbit auszusetzen, jeder mit einem kleinen Sprengkopf ausgerüstet. Sie sollen als „Schläfer" um die Erde kreisen und auf Kommando koordiniert einen Eindringling angreifen können.

Eine weitere mögliche Anwendung von Nanosatellitenschwärmen ist die Weltraumaufklärung (SIGINT und IMINT). In diesem Fall ist jeder Satellit eine kleine Antenne. Zusammen bildet der Schwarm also ein riesiges Antennen-Array, das sich sehr weit im Weltraum verteilen und als Ganzes ein Radioteleskop mit riesiger Apertur bilden kann. Mit Hilfe eines derartigen Satellitenschwarms wäre es möglich, Detailaufnahmen von der Oberfläche von Planeten in anderen Sonnensystemen zu machen, so wie wir sie von unserer Erde mit Google Earth betrachten können. Bedenken Sie jedoch bitte, daß ein solcher Planet viele Lichtjahre von uns entfernt ist und mit herkömmlichen Teleskopen meist nur als Helligkeitsschwankung oder Ausbuchtung seiner Zentralsonne zu erkennen ist! Um einen extrasolaren Planeten auch nur als eigenständiges Objekt auflösen zu können, müßte ein einziges terrestrisches Radioteleskop mindestens einen Spiegeldurchmesser zwischen 1000 und 2000 Metern haben. Zum Vergleich: Den zur Zeit weltweit größten Reflektor besitzt das Radioteleskop in Arecibo auf Puerto Rico mit ca. 300 Metern. Es wird u.a. auch von den Wissenschaftlern des SETI-Projekts zur Suche nach extraterrestrischen Signalen verwendet.

Großen Wert legen die Militärstrategen bei einer möglichen Verteidigung gegen extraterrestrische Angriffe auch auf Camouflage und Tarnkappentechnologien. Außerhalb der Box würde man diese sozusagen gratis erhalten, sobald Antigravitationstechnologien zum Einsatz kommen.

101

Das Motto der US-Militärs bezüglich der Weltraumverteidigung lautet: *„Bereite dich jetzt vor – überlebe später".* Sie argumentieren, daß es für die Entwicklung oder Beschaffung von entsprechender Waffentechnologie bereits zu spät sein könnte, wenn ein extraterrestrisches Raumschiff schon in Erdnähe aus einem Warp auftaucht und dadurch erstmals zu sehen ist.

So futuristisch die in diesem Abschnitt beschriebenen Energiewaffensysteme auch klingen – sie mögen zwar das Modernste sein, was der Menschheit heute und in naher Zukunft (offiziell) zur Verfügung steht, für die Verteidigung gegen extraterrestrische Raumschiffe dürften sie allerdings nahezu wirkungslos sein. Der Grund ist der Abschirmungseffekt, der bei Raumschiffen im Antischwerkraftmodus auftritt. Das ist die einhellige Meinung aller Experten. Aber die Antigravitationstechnologie befindet

Abb. 60: Das Radioteleskop in Arecibo (Puerto Rico)

sich schon so weit außerhalb der Box, daß offizielle Stellen sie mit maximal einem Satz abhandeln.

Außerdem – welcher Extraterrestrier, der etwas auf sich hält, würde zu einem Planeten fliegen, auf dem so viel nutzloses Zeug zu seiner Begrüßung bereitgehalten wird. Diese Waffensysteme mögen unter dem Deckmantel der Weltraumverteidigung entwickelt worden sein. Genutzt werden sollen sie dagegen mit einiger Sicherheit, um irdische Kriege unter Einbeziehung des Orbit zu führen.

Lokal handeln, global geheimhalten

Die Studie über „planetare Verteidigung" gegen „extraterrestrische Invasionen", die wir bereits im ersten Kapitel kurz erwähnt haben, ist mit unglaublicher Arroganz geschrieben, gepaart mit einem Dreigroschen-Patriotismus, um die Emotionen des Durchschnittsamerikaners anzusprechen.[37] Bedauerlicherweise enthält sie aber auch eine ganze Reihe sehr wichtiger Informationen, so daß man sie nicht einfach ignorieren kann.

Alle vier Autoren sind namhafte Wissenschaftler, die in den Bereichen Raumfahrttechnik, Delta-G-Projekt, Astronomie und Verteidigung tätig sind. Sie geben zu, daß es für eine wirksame Verteidigung notwendig sein wird, wissenschaftliche Entwicklungen außerhalb der Box zu vollziehen. Sie geben auch zu, daß das Wichtigste in diesem Bereich die *Antigravitationstechnologie* sein wird. Gerade dieses Thema behandeln sie allerdings in ihrer mehr als 200 Seiten starken Studie mit gerade einmal ein bis zwei Sätzen. Dafür erklären sie uns ganz detailliert, warum das Wissen über Extraterrestrische und eine wirksame Weltraumverteidigung weiterhin geheimgehalten werden muß. Sie sind der Meinung, daß es nicht gut wäre, den Menschen offen zu sagen, daß es Extraterrestrische überhaupt gibt, obwohl sie alle vier nicht den geringsten Zweifel daran haben.

Offen zuzugeben, daß man eine neuartige wirksame Weltraum-technologie hat, wäre für die USA ein mittlerer diplomatischer Alptraum. Es ist selbstverständlich, daß die USA das Recht haben, sich auf alle Eventualitäten vorzubereiten, doch eine globale Allianz zur Weltraumverteidigung würde Verpflichtungen der USA den anderen Staaten gegenüber beinhalten. Es sei mit den Prinzipien der amerikanischen Demokratie nicht vereinbar, derartiges Wissen mit anderen Ländern zu teilen. Man wisse nicht, wem man trauen kann, und man müßte zu viele technologische Details offenlegen. Wenn man es täte, würden die klassischen „Schurkenstaaten" wie Nordkorea, Kolumbien oder Iran die Technologie automatisch auch erhalten, ebenso Terrororganisationen wie Al-Qaida. In einem Atemzug mit diesen „Schurkenstaaten" nennen die Verfasser der Studie übrigens Länder wie Rußland, Frankreich und Deutschland!

Ein anderes diplomatisches Problem wäre es, daß die USA durch den Einsatz der geplanten Technologien im Orbit rund ein halbes Dutzend bestehender Abrüstungsverträge verletzen würden. Auch dies stellen die Autoren unmißverständlich klar, wobei sie diese Verträge eher als lästig empfinden.

Vereinbarung zum Schweigen

Wenn es eine spezielle „*Agency*" gäbe, die das Wissen über Extraterrestrische hat und entsprechende futuristische Strategien, Pläne und Technologien entwickelt, müßte sie einen *Status der Nichtexistenz* in der Öffentlichkeit haben. Es wäre eine so absolute Geheimhaltung notwendig, daß „*Individuen, die keine Background-Checks benötigen*", über die Arbeit der *Agency* nur sehr begrenzt informiert werden dürften. Zu diesem Personenkreis zählen übrigens auch der US-Präsident und die Mitglieder des Kongresses in Washington!

Tarnkappentechnologie „in der Box"

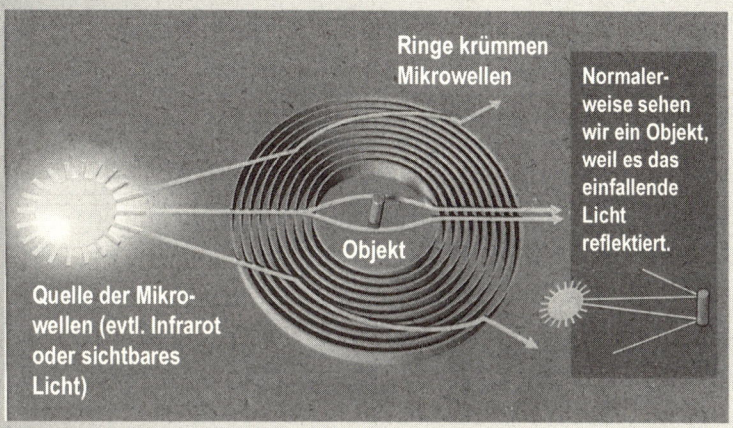

Ringe krümmen Mikrowellen

Normalerweise sehen wir ein Objekt, weil es das einfallende Licht reflektiert.

Objekt

Quelle der Mikrowellen (evtl. Infrarot oder sichtbares Licht)

Abb. 61

Unter normalen Bedingungen werden sowohl Mikrowellen als auch sichtbares Licht von materiellen Objekten reflektiert. Da unsere Augen dieses reflektierte Licht aufnehmen, werden die Objekte dadurch sichtbar. Wissenschaftler der Duke University in North Carolina haben ein Experiment durchgeführt, bei dem Mikrowellen einen Metallgegenstand umflossen haben, anstatt reflektiert zu werden. Voraussetzung war, daß der Gegenstand von zehn konzentrischen Ringen aus „Metamaterial" umhüllt war. Dabei handelt es sich um mehrere Schichten unterschiedlicher Halbleitersubstanzen. Das Objekt wurde dadurch für Mikrowellendetektoren unsichtbar.

Kurz darauf wurde das gleiche Experiment erfolgreich mit Infrarotstrahlung und einem Teil des sichtbaren Lichtspektrums durchgeführt. Sobald es gelingen wird, das gesamte Lichtspektrum um das Objekt herumzuleiten, wird es unsichtbar sein.

(Bemerkung: In den USA werden Regierungsbehörden meist als „Agencies" bezeichnet, z. B. CIA = Central Intelligence Agency, NSA = National Security Agency etc. Da das deutsche Wort „Agentur" eine andere Bedeutung und die korrekte Übersetzung „Behörde" einen anderen – bürokratischen – Tenor hat, lassen wir den Begriff „Agency" hier unübersetzt).

Über die Arbeit solch einer geheimen *Agency* darf man nicht diskutieren. Die einzige Option ist es, *„die Öffentlichkeit aus dem Spiel zu halten."* Die *Agency* dürfte nur als schwarzes Projekt ihre Arbeit verrichten, um nicht zu stark politisiert zu werden. Gesetzlich soll die *Agency* sogar vor Eingriffen des Präsidenten (der grundsätzlich natürlich über ihre Existenz weiß) geschützt werden. Er soll z. B. nicht das Recht haben, sie zu schließen.

Das *Planetary Defense Program* muß nach Ansicht der Autoren auf jeden Fall streng geheimgehalten werden. Die Geheimhaltung sollte sich an den Regeln der National Security Agency (NSA) orientieren. Derartige Regeln, die bereits in Kraft sind für hochsensitive Programme, seien derart konzipiert, daß sie die Öffentlichkeit schützen würden vor Verschwörungen innerhalb des streng klassifizierten Vorbereitungsprogramms gegen Alien-Invasionen.

Wenn es eine solche *Agency* gäbe, wären die Sicherheitsvorschriften für die Mitarbeiter sogar teilweise strenger als bei den Geheimdiensten. Die Security Clearance (und die Schweigeverpflichtung) würde auf Lebenszeit verliehen. Den Mitarbeitern wäre nicht gestattet, die *Agency* zu verlassen, um anderswo einen besser dotierten Job anzunehmen. Sollte doch einmal jemand aus bestimmten Gründen seine Arbeit bei der *Agency* aufgeben, dürfte er unter keinen Umständen wieder zurückkehren. Einzige Ausnahme: Der Tag X, wenn tatsächlich die Aliens kämen. Dann würde man jeden Mann brauchen.

Security Clearance

Alles hat seinen Preis. Also auch der Zugang zu Geheimnissen – vor allem zu den Geheimnissen, die auch geheim bleiben sollen.

Eine *Security Clearance* (Sicherheitsfreigabe) bedeutet, daß einem Menschen ein Status verliehen wird, der ihn zum Zugang zu klassifizierten Informationen, d. h. Staatsgeheimnissen, berechtigt.

In den USA werden die Sicherheitsstufen als *Confidential, Secret, Top Secret und Compartmented Information* bezeichnet.

Der *Clearance-Prozeß,* um einen Bewerber z. B. für eine Stelle bei einem Geheimdienst zu überprüfen, ist gesetzlich genau geregelt. Der Bewerber darf in den vergangenen 12 Monaten keine illegalen Drogen eingenommen haben. Er muß in seinem zukünftigen Arbeitsgebiet eine hohe Fachkompetenz besitzen, äußerst zuverlässig und vertrauenswürdig sein. Hierzu wird auch der persönliche Hintergrund des Bewerbers genauestens untersucht („Background Check"). Dazu gehören seine persönliche Vergangenheit, Loyalität gegenüber der US-Verfassung, Charakterstärke, Ehrlichkeit, Diskretion und fundierte Urteilskraft.

Auch das Umfeld des Bewerbers, seine Angehörigen und Bekannten, werden durchleuchtet. Er muß frei sein von persönlichen Bindungen, die in Konflikt mit seinen späteren beruflichen Verpflichtungen geraten könnten.

Hinzu kommen ein umfassender medizinischer und psychologischer Check sowie ein Lügendetektortest. Der gesamte Clearance-Prozeß kann bis zu einem Jahr dauern.

Besonders streng würden auch Verstöße gegen die Schweige-pflicht geahndet. Sie würden den sofortigen und lebenslangen Ausschluß aus der *Agency* nach sich ziehen. Die Schweige-pflicht würde dennoch weiter in Kraft bleiben. Der Bruch der Geheimhaltung würde sofort vertuscht werden durch eine passende Cover-up-Story, die den Mitarbeiter und seine Geschichte in der Öffentlichkeit lächerlich macht.

Dramaturgie der Angst

Für eine solche *Agency* wäre es notwendig, Strategien und Techniken von außerhalb der Box einzusetzen. Zur Erreichung dieses Ziels soll sie explizit unter Einsatz geheimdienstlicher Mittel auch auf wissenschaftliche Erkenntnisse anderer Staaten zurückgreifen dürfen (wohingegen sie, wie erwähnt, ihre eigenen Forschungsergebnisse nicht mit der Welt zu teilen gedenkt).

Allenfalls könnte sie technologische Abfallprodukte, die sich für den Einsatz im zivilen Bereich eignen, möglicherweise über Tarnfirmen vermarkten lassen, um dadurch weitere Finanzmittel für die *Agency* zu erhalten.

Weiterhin könnte die *Agency* mögliche Szenarien der extra-terrestrischen Thematik zu Filmen und Büchern aufbereiten, um sie als Science-Fiction-Produkte der Öffentlichkeit zu präsentieren. Dieses Procedere soll mehreren Zwecken dienen: Zum einen, um die Reaktionen der Öffentlichkeit zu testen. Zum zweiten, um sich über den Verkauf dieser Produkte auch teilweise selbst zu finanzieren. Die Bücher werden sofort zu Bestsellern gemacht, indem die *Agency* ca. 50.000 Exemplare selbst aufkauft. Die profitable Fortsetzung kommt dann von allein.

Die *Agency* kann so geheim sein, wie sie will – die konkreten Resultate ihrer Arbeit lassen sich nicht restlos verbergen. Daher wurde eine perfekte Dramaturgie geschaffen.

Falsche Antwort!

Unmittelbar nach Ende des zweiten Weltkrieges kam es weltweit zu einer Welle mutmaßlicher UFO-Begegnungen. Die bekanntesten Vorfälle sind sicher die Sichtung „fliegender Untertassen" durch den Privatpiloten Kenneth Arnold am Mount Rainier (Washington) und der angebliche Absturz eines UFOs bei Roswell, New Mexico, beide im Jahre 1947.

Die damals gängigen Erklärungen: Entweder müßte es sich um außerirdische Raumschiffe oder um Geheimwaffen des US-Militärs handeln.

Zur Untersuchung des Phänomens wurde 1947 die Gründung eines Untersuchungsprojekts beschlossen. Der Name lautete *Project Sign* („Zeichen"). Ein signifikant passender Name. Sitz des Projekts war die Geheimdienstzentrale der US Air Force in Wright Field (die heutige Air Force Basis Wright Patterson in Dayton, Ohio). Kuriosität am Rande: Die Existenz des Projekts war nicht geheim, wohl aber der Name. Für die Öffentlichkeit hieß es *Project Saucer* („Untertasse").

Die Jungs vom Project Sign kamen tatsächlich zu signifikanten Resultaten. Schon im September 1948 präsentierten sie ihren Top-Secret-Bericht, der zu dem Schluß kam: UFOs sind extraterrestrische Raumschiffe!

Falsche Antwort, so die erste Reaktion des Stabschefs der Air Force, General Hoyt S. Vandenberg. Da dem General allerdings auch die Alternative („Geheimwaffe") nicht paßte, ordnete er die sofortige Schließung des Projekts an. Die Akten wurden deklassifiziert und anschließend sofort vernichtet!

Im Februar 1949 dann wurde das Projekt unter dem neuen Namen *Project Grudge* („Groll", „Widerwillen") wiederbelebt. Ebenfalls ein hochsignifikanter Name. Es war auch Grudge...

Also bitte: Wenn Sie irgendwann mal etwas vernichten wollen – vergessen Sie bitte nicht, es vorher zu deklassifizieren!

Und wie macht man das? Man kreiert das Bild eines übermächtigen, unbekannten und ungreifbaren Feindes. Eine Bedrohung, so furchterregend, daß die Bevölkerung bereit ist, alle denkbaren Maßnahmen zur Abwendung der Gefahr zu akzeptieren. Ein Feind aus dem Weltraum, der die Erde mit seinen überlegenen Waffen anzugreifen droht.

Dieses Schreckensbild verbindet man mit einer Reihe psychologischer Taktiken und Desinformationen – im Grunde ein riesiges Mind-Control-Projekt gegen die gesamte Menschheit. Von diesem Augenblick an stehen einem die Finanztöpfe der Welt offen, und jeder ist bereit, einen Blankoscheck auszustellen. Man erhält die Chance, allerlei futuristische Waffensysteme zu entwickeln, zu erproben, einzusetzen und dadurch für alle anderen Länder der Welt unangreifbar zu werden.[23] Und da wir alle Angst vor dem unbekannten Feind haben, bereitet man das Terrain, uns alle unter dem Schutz von „Big Brother" zu versammeln und uns als Preis dafür unsere Freiheitsrechte zu nehmen.

Wir müssen jetzt unterscheiden zwischen den tatsächlichen extraterrestrischen (oder transdimensionalen) Besuchern, die es höchstwahrscheinlich gibt, und fingierten Ereignissen, die von der *Agency* vorbereitet worden sind. In den freigegebenen UFO-Akten der NSA findet sich ein Dokument („Covered Operation"), das die Dramaturgie der Angst ganz deutlich offenbart (■ **Abb. 62**)[28]. In diesem Dokument sind nur Fragmente eines einzigen Satzes nicht geschwärzt: *„... fand statt vor sechs Monaten in der ... (geschwärzt) ... Region, und der Anstieg der Fliegende-Untertassen-Aktivitäten, welche er erklärte als im Zusammenhang stehend mit dem Plan..."*

Was für ein Plan? Die Aussage des Dokuments ergibt dann Sinn, wenn es sich bei *diesen* UFOs, die der Text erwähnt, *nicht* um extraterrestrische Raumschiffe gehandelt hätte, *sondern wenn gewisse Kreise mit eigenen geheimen Flugobjekten eine*

Abb. 62: NSA-COMINT-Akte 3/00/9953-79 „Covered Operation".
Der nicht geschwärzte Passus lautet: „...fand statt vor sechs
Monaten in der ...(geschwärzt)... Region, und der Anstieg der
Fliegende-Untertassen-Aktivitäten, welche er erklärte als im
Zusammenhang stehend mit dem Plan..." (Quelle: Fosar/Bludorf:
Top Secret Umbra)

111

Art Reality Show am Himmel für die Menschen veranstaltet hätten – um damit eben einen bestimmten Plan zu verfolgen.

Es reicht allerdings nicht aus, ein reales Angstpotential in der Bevölkerung nur aufzubauen. Man muß es auch aufrechterhalten. Das ist nicht schwer. Die ganze Welt der Medien sitzt innerhalb der Box und ist bestens dressiert. Sie ist in der Lage, sich jedem Szenario anzupassen. Und in diesem Fall wäre es ein ausgesprochen irdisches Szenario. Ein Drehbuch, von der *Agency* geschrieben.

Tja, wenn es eine solche *Agency* tatsächlich gäbe, dann wäre so manches, was auf der Welt abläuft, für uns alle plötzlich besser verständlich...

7

Schlaflos in England

Es war die Nacht der tausend Lichter, jene Stunden vor und nach Mitternacht des 31. März 1993, und bis heute ist es unklar, ob damals eine Multimedia-Lightshow unter der Regie einer Top-Secret-Agency veranstaltet wurde (im Sinne des „großen Plans") oder ein „extraterrestrisches Großmanöver". In dieser klaren Frühlingsnacht jedenfalls war der Himmel über weiten Teilen Großbritanniens geradezu übersät von unidentifizierten Flugobjekten. Die Spezialabteilung DI55 des britischen Militärgeheimdienstes hat dazu über 100 Seiten brisanter Akten unter dem Oberbegriff „Der Cosford Incident" zusammengetragen. Dieser Name hat sich inzwischen eingebürgert, obwohl sich die Ereignisse jener denkwürdigen Nacht keineswegs nur in der kleinen Stadt Cosford in Mittelengland, rund um die dortige Basis der Royal Air Force (RAF), abgespielt haben.

Der Cosford Incident ist einzigartig. Es dürfte kaum einen zweiten offiziell registrierten UFO-Fall geben, bei dem es eine so große Zahl glaubwürdiger und voneinander unabhängiger Zeugen gab. Die Anzahl der Berichte geht in die Hunderte. Es waren 22 Städte und Ortschaften in zehn englischen und walisischen Grafschaften betroffen. Unter den Augenzeugen befanden sich ungewöhnlich viele geschulte Beobachter: Soldaten der Royal Air Force, ziviles Luftfahrtpersonal, Polizeibeamte, Privatpiloten und Ingenieure. Die unbekannten Flugobjekte überflogen zwei Militärbasen der Royal Air Force und einen zivilen Flughafen.

Aus den gesammelten Cosford-Akten des DI55 rekonstruierten wir die Timeline einer Nacht, die nur unter einer Überschrift stand – *Schlaflos in England.*

Der Cosford Incident – Timeline

Aus den Akten des DI55

Akte FJN/2286/016
30. 3. 1993, 21:30 Uhr – Penistone
Die Sichtverhältnisse am Abend sind klar. Ein Autofahrer aus Barnsley, South Yorkshire, beobachtet während der Fahrt durch das Pennine-Moor bei *Penistone* ein unbekanntes Flugobjekt. Er schildert die Unterseite als „glasartig" mit zwei Reihen heller Lichter an den Seiten. Aufgrund der großen Helligkeit des Lichts ist er später nicht in der Lage, die exakte Form des Objekts zu beschreiben. Es steht still in der Luft, und er nähert sich ihm mit dem Auto, bis er genau unter ihm ist. Die Höhe des Objekts schätzt er auf 200 Meter. Als er das Objekt erreicht hat, fliegt es schnell in Richtung eines nahen Waldes davon, bis es außer Sicht kommt.

Unnumerierte Akte Sec(AS)2a
31. 3. 1993, 00:10 Uhr – Haverfordwest
Vier Personen beobachten von der Rückfront ihres Hauses in *Haverfordwest (Wales)* zwei leuchtende Objekte. Sie sollen in nord-südlicher Richtung geflogen sein.

Akte FJN/2286/016
31. 3. 1993, 01:00 Uhr – Penistone
Der Autofahrer aus Barnsley meldet seine Beobachtungen der Polizei. Kurz nach 01:00 Uhr morgens sehen zwei Polizisten von unterschiedlichen Standorten aus ein hell leuchtendes Objekt, das von Penistone in Richtung Sheffield davonfliegt.

Unnumerierte Akte Sec(AS)2a
31. 3. 1993, 01:09 Uhr – Rugeley
Mr. C. feiert in seinem Einfamilienhaus in *Rugeley, Staffordshire*, mit seiner Frau, seiner Tochter und deren Freund eine Party. Gegen 01:07 geht die Tochter hinaus, um den Hund auszuführen. Nur Minuten später kehrt sie vollkommen hysterisch zurück. Die ganze Familie geht daraufhin in den Garten und sieht am Himmel die dunkle Silhouette eines riesigen ovalen Objekts. An beiden Seiten hat das Objekt helle cremefarbene Lichter. Es steht unmittelbar über dem Haus und setzt sich dann in Richtung Hazelslade in Bewegung. Dabei ist ein tiefer, „krankmachender" Brummton zu hören. Nachdem das Objekt anfangs zu schweben scheint, verliert es unter chaotischen Bewegungen zunehmend an Höhe. Mr. C. folgt ihm in seinem Auto. Nach seinen Beobachtungen scheint es in der nahen Ortschaft Hazelslade zu landen. Dort angekommen, kann er jedoch keinerlei Spuren des Objekts finden.

Mr. C. ist Armeeveteran und gilt als guter Beobachter und zuverlässiger Augenzeuge. Er meldet seine Beobachtungen der Polizei, die zum Ort des Geschehens kommt, und etwa 20 Minuten später an die Royal Air Force Base in Cosford, nicht ahnend, daß es dort kurz zuvor zu ähnlichen Sichtungen gekommen ist.

Akte CWD148 31/0959 09001185
Zeugenaussage, Devon and Cornwall Constabulary
31. 3. 1993, 01:10 Uhr – Cornwall / Devonshire
Ein Polizeisergeant ist in *Moorswater* bei *Liskeard* in der Grafschaft *Cornwall* mit seinem Streifenwagen unterwegs. Auf dem Weg nach Dobwalls beobachtet er zwei leuchtende Objekte am Himmel, etwa in seiner Zwei-Uhr-Position, die er anfänglich für Sterne hält. Sie sind jedoch weniger hell und haben einen gelbgoldenen Farbton. Plötzlich fangen die Lichter an, sich aufwärts und mit gleichförmiger Geschwindigkeit in Bewegung zu setzen. Als sie die Ein-Uhr-Position erreichen, entsteht hinter ihnen plötz-

lich eine Art Kondensstreifen. Der Beamte hält an und steigt aus dem Wagen. Die Objekte steigen weiter, immer noch in perfekter Formation fliegend. Dann beenden sie den Steigflug und drehen in Richtung Süden, wobei die Kondensstreifen ausgeprägter werden. Als die Objekte hoch im Zenit stehen, vom Mond beleuchtet, kann der Beamte deutlich sehen, daß zwischen den Lichtern „nichts als leerer Himmel" ist. Es sind also definitiv zwei getrennte Objekte. Zu dieser Zeit erkennt er ein drittes Objekt, das aber nur durch den Kondensstreifen sichtbar ist. Schließlich verschwinden die Objekte hinter dem Horizont. Fast gleichlautende Berichte kommen auch von anderen Polizeibeamten in *Cornwall* und *Devonshire* sowie von den Fluglotsen im Tower des Flughafens *Exeter*.

Akte CWD151 31/1002 09001243
31. 03.1993, 01:10 Uhr – Merthyr Tydfil
In *Merthyr Tydfil (Südwales)* beobachten zur gleichen Zeit mehrere Polizeibeamte vom Fenster ihrer Polizeistation aus zwei sehr hell leuchtende weiße Objekte mit Schweif.

Unnumerierte Akte Sec(AS)2a
31.03.1993, 01:10 Uhr – Crymych
Ein Farmer „*mit Hochschulabschluß*" (O-Ton Sec(AS)2a) in *Crymych, Wales*, sieht zwei hell leuchtende weiße Lichter, die in Formation fliegen. Er meldet seine Beobachtung dem Flughafen in Cardiff sowie an die Sektion (AS)2a des MOD. Anmerkung in der Akte: „*Zeuge erschien sehr sensibel und glaubwürdig.*"

Akte CWD153 01/1325 09101129
31. 3. 1993, 01:15 Uhr – Grateley
Ein Pilot und Ingenieur mit Armeeflugerfahrung in *Grateley, Hampshire*, beobachtet zwei weiße Lichter, die im Abstand von 40-50 Fuß mit hoher Geschwindigkeit in Formation fliegen.

116

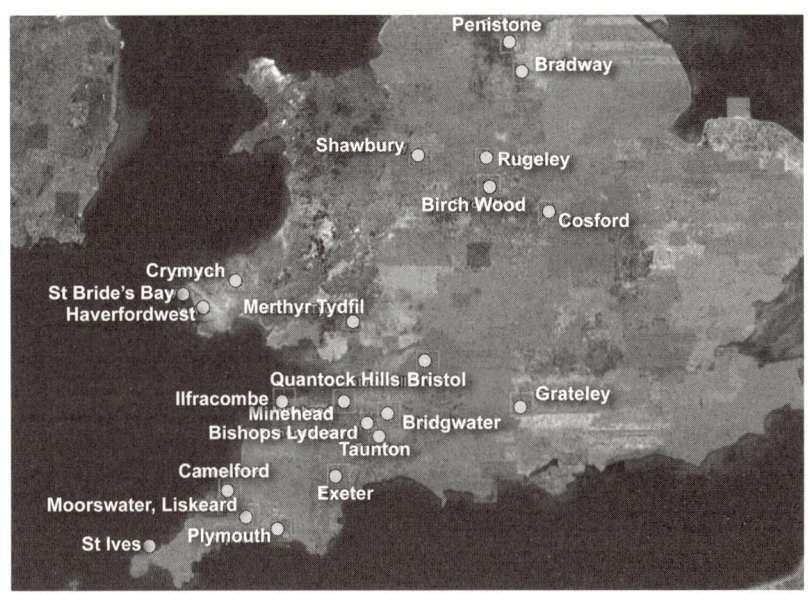

Abb. 63: Orte der UFO-Sichtungen vom 31. März 1993

Unnumerierte Akte Sec(AS)2a
31.03.1993, 01:15 Uhr – Bridgwater
In *Bridgwater, Somerset*, beobachtet ein Ehepaar zwei kugelförmige Lichter, die sich schneller als ein Flugzeug bewegen und hinter sich einen Schweif erzeugen. Die Flugrichtung ist von Nord nach Südost. Sie melden den Vorfall der lokalen Zeitung, dem Bridgwater Mercury, erhalten aber niemals Antwort. Später erstatten sie auch dem MOD, Sec(AS)2a, Bericht. Im Protokoll ist vermerkt, die Zeugen wirkten *„zurechnungsfähig"*.

Akte COS/87/1/Sy, Police in Confidence; Bericht an RAF Police Flight, RAF Cosford (enthält die restlichen hier zitierten Augenzeugenberichte)
31.03.1993, 01:15 – Cosford
Corporal M. und sein Kollege, zwei Militärpolizisten von der Royal Air Force Base in *Cosford, Staffordshire*, sind auf einer Patrouillen-

117

fahrt entlang der Leeming Road unterwegs. Als sie den Gravel Car Park passieren, sieht Corporal M. über dem Militärflugplatz zwei grelle Lichter am Himmel. Sie scheinen mit hoher Geschwindigkeit in südöstlicher Richtung zu fliegen, in einer geschätzten Höhe von 1000 Fuß. Corporal M. beschreibt später die Lichter als kreisförmig, in cremeweißer Farbe und konstanter Größe. Es gehen keine sichtbaren Lichtstrahlen von den Objekten aus.

Corporal M. stoppt den Militärjeep und zeigt seinem Kameraden die Lichter. Er schaltet den Motor ab. Beide steigen aus dem Wagen und beobachten die Objekte. Es geht keinerlei Triebwerksgeräusch oder sonstiger Lärm von ihnen aus. Das Wetter ist windstill, und der Himmel ist klar. Die beiden MPs beobachten, wie die Objekte die Basis RAF Cosford überfliegen und sich dann in Richtung Wolverhampton entfernen. Kurz bevor die Lichter hinter dem Horizont verschwinden, sehen die Männer am hinteren Ende der Lichter ein schwaches rotes Glühen. Die gesamte Sichtung dauert etwa eine Minute.

Corporal M. und sein Kollege kehren zur Basis zurück und kontaktieren die nahegelegene RAF-Basis Shawbury. Sie erfahren, daß dort zur fraglichen Zeit keine Flugzeuge gestartet sind.

31. 3. 1993, 1:25 Uhr – Cosford
Corporal M. kontaktiert Air Traffic Control auf der RAF-Basis Lyneham. Man teilt ihm mit, daß kein bekannter Flugverkehr in der Region um Cosford existiert.

31. 3. 1993, 1:27 Uhr – Cosford
Von der RAF-Basis Brize Norton erfährt Corporal M. das Gleiche. Kurz darauf informiert ihn der Wachhabende in Cosford, er habe von einem Mr. C. aus Rugeley gehört, der die gleichen Lichter gesehen habe (s. S. 115). Sie seien in etwa 900-1000 Fuß Höhe geflogen und ca. 200 Meter groß gewesen. Mr. C. hatte zunächst seine lokale Polizeidienststelle aufgesucht und dort über seine Be-

obachtungen berichtet. Während der Befragung stellte sich heraus, daß ein Police Constable aus Staffordshire die Objekte auch gesehen hatte. Nach diesem bestätigenden Bericht informiert Corporal M. die West Marcia Police über die Sichtungen.

31. 3. 1993, 1: 40 Uhr – Cosford
Corporal M. unterrichtet HQ P&SS (Headquarters Provost & Security Services). Der diensthabende Offizier bestätigt, daß seit Mitternacht kein militärisches Flugzeug im britischen Luftraum unterwegs war. Anschließend informiert M. seine Vorgesetzten in Cosford über den Vorfall.

31. 3. 1993, 2:50 Uhr – Shawbury
Mr. S. vom meteorologischen Dienst der RAF-Basis in *Shawbury, Shropshire,* teilt Corporal M. mit, er habe über der Basis in Shawbury ebenfalls die zwei Lichter gesehen. Die anfängliche Entfernung schätze er auf 15-20 km. Die beiden Objekte seien auf ihn zugeflogen und hätten das Flugfeld von Shawbury überquert, zunächst langsam, wobei sie Lichtstrahlen zur Erde sandten, als würden sie etwas suchen. Mr. S. habe die Objekte etwa fünf Minuten lang beobachtet, bevor sie in südlicher Richtung mit hoher Geschwindigkeit davongeflogen seien, und zwar in einer Art und Weise, die nicht mit irgendeinem Flugzeug vergleichbar gewesen sei. Während sie über seinem Kopf flogen, hörte und fühlte er ein unangenehm summendes, vibrierendes Geräusch, so als ob er neben einem Baßlautsprecher gestanden hätte. Mr. S. gibt an, er sei bereits seit acht Jahren als Wetteroffizier auf der Basis stationiert und habe nie zuvor etwas Ähnliches gesehen.

31. 3. 1993, 3.00 Uhr – Cosford / Bristol
Corporal M. kontaktiert den Meteorologen des Internationalen Flughafens in *Bristol.* Er bestätigt, daß dort ähnliche Lichter etwa gegen 0:55 Uhr gesehen worden seien. Zunächst habe er die Sich-

tung als Meteoriteneinschlag eingeschätzt, später angesichts der vielen anderen Sichtungen in der gleichen Nacht in seinem Protokoll aber dann doch als „unidentifizierte Objekte" klassifiziert.

31. 3. 1993, 3:10 Uhr – Cosford
West Marcia Police hat mittlerweile weitere Augenzeugenberichte über den Vorfall gesammelt und benachrichtigt mehrere Militärdienststellen von Staffordshire, Avon und Somerset mit der Aufforderung, die Berichte zu korrelieren. Um 3:30 Uhr beendet Corporal M. seine Beschäftigung mit dem Vorfall und geht wieder seinen normalen Dienstpflichten auf der Basis in Cosford nach.

In der gleichen Nacht gibt es noch Hunderte weiterer Augenzeugenberichte, die mehr oder weniger alle übereinstimmen und die wir hier unmöglich alle aufführen können. Danach hatte die UFO-Sichtungswelle in dieser einen Nacht praktisch den gesamten Südwesten von England und Wales erfaßt. Manche der Sichtungen zeigen zeitliche und räumliche Korrelationen, die vermuten lassen, es habe sich um ein und dasselbe Objekt gehandelt, das nacheinander zu den einzelnen Orten geflogen ist. Das DI55 nimmt einen solchen Zusammenhang zumindest für die Sichtungen in Rugeley, Cosford, Shawbury und Bristol an. Zu anderen Zeitpunkten wurden in jener Nacht an weit voneinander entfernten Orten gleichzeitig Objekte gesehen.

Die Untersuchung beginnt

Im britischen Verteidigungsministerium (MOD) in London, Whitehall, existierte zu jener Zeit eine Spezialabteilung für die Dokumentation von UFO-Sichtungen. Diese Abteilung mit dem hochtrabend klingenden Namen *Sec(AS)2a* hatte damals einen einzigen Mitarbeiter, der noch dazu eine Reihe weiterer Zuständigkeiten hatte und sich nach eigener Aussage höchstens 25% seiner

120

Abb. 64: Nick Pope war von 1985 bis 2006 beim MOD u. a. für die Dokumentation von UFO-Sichtungen zuständig.

Arbeitszeit um UFO-Akten und die Befragung von Augenzeugen kümmern konnte. Dieser einsame UFO-Ermittler Ihrer Majestät war seinerzeit Nick Pope, mittlerweile bekannt geworden für seine bemerkenswerte Offenheit gegenüber den UFO-Sichtungen und der möglichen Existenz extraterrestrischen Lebens.

Nach den aufsehenerregenden Ereignissen der Nacht des 31. März 1993 galt es jetzt, die Vorfälle zu untersuchen, und so landeten Augenzeugenberichte aus allen Teilen des Landes bei der Sec(AS)2a, also auf Nick Popes Schreibtisch. Doch sowohl die Menge der Sichtungen als auch die Komplexität des Falles überstiegen nicht nur seine Kapazitäten, sondern auch seine Security Clearance. Es war z. B. anfangs nicht klar, ob militärische Geheimflugzeuge in den Fall involviert waren. Nick Pope brauchte also Unterstützung, und er erhielt sie – zum einen von der Luftwaffenbasis RAF Flyingdales, die zum landesweiten Frühwarnsystem für ballistische Waffen gehört. Zum zweiten tauchte jetzt erstmals der Name *DI55* auf. Diese Spezialabteilung des Militärgeheimdienstes (Defence Intelligence Staff) war nicht nur in der Aufklärung über ballistische Waffensysteme tätig, sondern sollte auch bald die vorhandenen UFO-Akten archivieren und in die militärische UFO-Forschung Großbritanniens einsteigen. Damit stellte das MOD die Beschäftigung mit den unbekannten Flugobjekten auf eine breitere Basis. Das Ergebnis ist eine umfangreiche Studie, die uns im weiteren Verlauf noch beschäftigen wird.

6. 4. 1993 – London / West Drayton
Nick Pope fragt bei der RAF-Basis *West Drayton* nach Radaraufzeichnungen unbekannter Flugobjekte in der Nacht des 31. 3. an.

14. 4. 1993 – London / Wadebridge
Auf den Brief eines Augenzeugen aus *Wadebridge, Cornwall*, bestätigt Nick Pope in seinem Antwortschreiben, daß der Zeuge nicht allein sei, sondern daß es viele sehr ähnliche Berichte aus Devon, Cornwall, South Wales und Shropshire gegeben habe. Weiterhin heißt es: *„Wir sind nicht sicher, was die Erklärung ist, obwohl die Möglichkeit besteht, daß es ein Satellit in einem niedrigen Orbit oder ein Stück Weltraumschrott war, das in die Atmosphäre eingedrungen war. Wir haben keine Erkenntnisse über Flugverkehr, der erklären könnte, was gesehen wurde."* Für weitere Informationen empfehle das MOD dem Zeugen, sich an zivile UFO-Forschergruppen zu wenden (hört, hört!)

19. 4. 1993 – London
In einem formlosen Memorandum an Sec(AS)2a erklärt der – leider „geschwärzte" – Verfasser: *„Wie angefordert, haben wir die Radaraufzeichnungen vom Mittwoch, dem 31. März, auf Videorecorder überspielt für weitere Untersuchungen."* Leider habe zur fraglichen Zeit das Hauptradar nicht gearbeitet, so daß man nur die Aufzeichnungen des sekundären Überwachungsradars auswerten konnte. Der Autor des Memos bestätigt, daß keine Radaraufzeichnung irgend etwas Ungewöhnliches ergeben habe.

7. 5. 1993 - London
Diese Aussage wird in einer Aktennotiz des DI55 relativiert: *„Wie wir diskutiert haben, habe ich drei Videoaufzeichnungen von Radardaten für den 31. März, die die Orte und Zeiten der meisten UFO-Sichtungen abdecken, weitergeleitet. Obwohl es einige langsam bewegte Primärkontakte in Devon/Cornwall gibt, um 01:10*

lokaler Zeit und 01:20 lokaler Zeit, glauben die Controller der RAF West Drayton, ebenso wie GE3, nicht, daß das signifikant war; die Kontakte traten auf, als die Daten vom Burrington Radar erfaßt wurden, das bekanntermaßen zu Störungen neigt."

Zu der Vermutung, es könne sich um Weltraumschrott gehandelt haben, heißt es in der gleichen Aktennotiz: *„Ich sprach mit RAF Flyingdales, die bestätigten, daß es einen Absturz gegeben hat, etwa um 02:20 lokaler Zeit, aber mit einer Fehlertoleranz von plus minus einer Stunde ... inklusive einer Standard-Versorgungsrakete für die Raumstation MIR. ... Dieser Absturz kann aber nicht die Sichtungen in niedriger Höhe erklären, ebenso nicht den Summton, der bei manchen Sichtungen gehört wurde."*

In einer weiteren Protokollnotiz heißt es, die russische Rakete sei etwa um 00:10, also eine Stunde vor den meisten Sichtungen, in die Erdatmosphäre eingetreten und verglüht.

Professor Ian Morrison, Direktor des Jodrell Bank Observatoriums, erklärt, er glaube nicht, daß verglühende Raketentrümmer längere Zeit am Himmel sichtbar sein und dabei perfekt in Formation fliegen könnten. Solche Trümmer seien kurzlebig und zögen außerdem eine leuchtende Spur nach sich.

UFOs oder Geheimflugzeuge?

Der Cosford Incident hatte ein Vorspiel. Bereits einige Tage zuvor war es zu Zwischenfällen gekommen, die ganz offenbar mit den Ereignissen vom 30.-31. März 1993 in Zusammenhang stehen. In den Cosford-Akten befindet sich der Brief eines Bürgers aus der Grafschaft *Durham* in Nordostengland an das MOD. Darin heißt es:

„Ich schreibe Ihnen, weil es mich interessieren würde, die Kommentare des MOD über die Sichtungen eines seltsamen Objekts über der Region Teesside/Cleveland am 23., 24. und 25. März 1993 zu erfahren, wie sie an RAF Leeming gemeldet wurden.

Was ich insbesondere gern wüßte, ist,

- *ob das Objekt vom Radar erfaßt wurde, entweder bei RAF Leeming oder auf dem Internationalen Flughafen Teesside, den meines Wissens die RAF kontaktierte, als erstmals über das Objekt berichtet wurde,*
- *ob Sie in der Lage sind zu bestätigen, daß zwei Flugzeuge aus Leeming von einem Aufklärungsflug über der Nordsee in die Region der Sichtungen umgeleitet wurden, und*
- *ob das MOD in der Lage wäre zu bestätigen, daß das Objekt, das über dieser Region gesehen wurde und immer noch gesehen wird, ein (möglicherweise geheimes) amerikanisches Stealth-Testflugzeug ist, das üblicherweise unter dem Namen AURORA bekannt ist.*

Ich möchte dem MOD mitteilen, daß dieses Objekt nicht nur Besorgnis bei den Bewohnern der Gegend um Nunthorpe und Longlands verursacht, auch in der Region von Yarm, sondern auch viele Menschen in Angst versetzt hat, inklusive Kinder. Wenn dies ein geheimes Flugzeug ist, das getestet wird (wie in manchen Medien berichtet wurde), dann wäre sicherlich die Erlaubnis für ein Flugzeug, bei Nacht so tief zu fliegen, über einer bewohnten Region, wobei Menschen fast zu Tode erschreckt werden, nicht im besten Interesse der Anwohner (unter Berücksichtigung der Sicherheit), sondern würde sicher auch gegen das Gesetz verstoßen.

Ich weiß von mindestens 12 Menschen, die dieses Objekt im Verlauf von 18 Monaten bis zwei Jahren gesehen haben, und ich bin sicher, daß es noch viel mehr sind. Das Objekt wurde geschildert als in 200 Fuß Höhe fliegend, es wurde auch bei hellem Tageslicht von mehreren Menschen gesehen und in einem Fall von zwei Männern über 20 Meilen verfolgt. Sie fanden es in 200 Fuß Höhe über einer Hauptstraße schwebend, die zwei Männer stiegen aus dem Wagen, und das Objekt, das in der Luft vollstän-

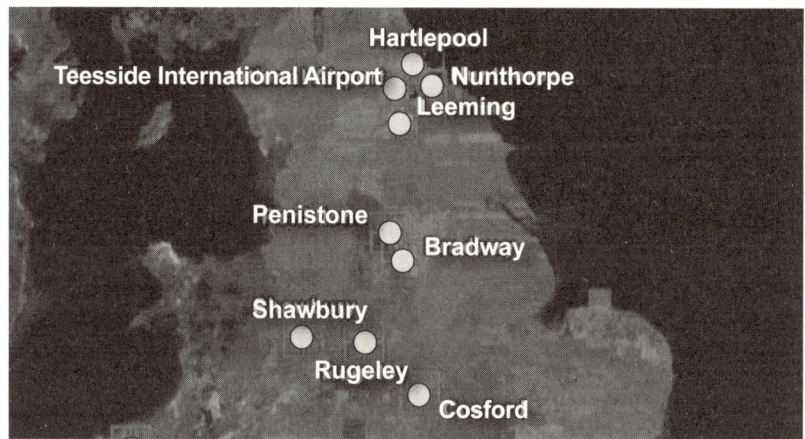

Abb. 65: Orte der UFO-Sichtungen in Durham (Nordostengland) im Vergleich zu den Sichtungen vom 31. März 1993

dig still stand, schoß davon und verschwand mit beeindruckender Geschwindigkeit. Es wurde auch gesehen, wie es über der chemischen Fabrik ICI schwebte, über Einrichtungen des MOD und auch über der Nuklearanlage am Fluß Tees bei Hartlepool.

Ich wäre sehr dankbar, wenn Sie etwas Licht in diese Sache bringen würden, so daß Sie den Menschen, die das berichtet haben, sagen könnten, was das war oder nicht war. Ich danke Ihnen, daß Sie sich für mich die Zeit genommen haben.

Hochachtungsvoll
....."

Die Schilderung des unbekannten Flugobjekts ähnelt zum Verwechseln dem Bericht der beiden Militärpolizisten aus Cosford. Die Interpretation der Medien, es habe sich um ein amerikanisches Testflugzeug gehandelt, hält diesem Bericht nicht stand, zumindest, solange es sich nicht um ein militärisches Flugobjekt „außerhalb der Box" gehandelt hat. Auffallend ist auch, daß das Objekt ein markantes „Interesse" an militärischen Ein-

Abb. 66: Die britische Luftwaffenbasis RAF Cosford

richtungen, Flughäfen und Industrieanlagen zu haben schien – genau wie die Flugobjekte vom Cosford Incident, da in beiden Fällen solche Einrichtungen bevorzugt überflogen wurden.

In einem „loose minute" (formlose Notiz) stellt ein Mitarbeiter des Verteidigungsministeriums dazu fest, daß *„es einige Beweise zu geben scheint, daß ein unidentifiziertes Objekt (oder Objekte) unbekannten Ursprungs über dem Vereinigten Königreich operierten. Zu der zuletzt aufgetretenen Spekulation in den Medien und bei der Militärpolizei, es könne das Aurora-Flugzeug gewesen sein, ... sehe ich nur wenig Möglichkeiten, was wir tun können, um dies weiter zu verfolgen. Wenn es Aktivitäten mit US-Ursprung gegeben haben sollte, die nur einem begrenzten Kreis im MOD bekannt sind und nicht öffentlich bestätigt werden, so ist es schwierig, dies weiter zu untersuchen."*

In Beantwortung dieser Notiz schreibt der *Assistant Chief of the Air Staff*, er könne definitiv ausschließen, daß es sich um ein „schwarzes Projekt" der USA in Großbritannien (AURORA) oder auch um Tests von Flugzeugen des Typs Vulcan gehandelt habe. Mehr könne er zu den Ereignissen nicht sagen.

Nick Pope fragte diesbezüglich bei der US-Botschaft in London an und erhielt eine höchst überraschende Antwort. *Die US*

Army, so hieß es, habe in der Nacht des 31. 3. über Großbritanni-
en selbst seltsame dreieckige Flugobjekte gesichtet. die aus dem
Schwebezustand sekundenschnell auf extrem hohe Geschwin-
digkeiten beschleunigen konnten. Man habe daraufhin bei der
Royal Air Force angefragt, ob sie vielleicht solche Fluggeräte
besitze. Schön wär's, merkte Nick Pope dazu an, und er fügte
hinzu, daß seltsamerweise ausgerechnet diese Korrespondenz
(als einzige) in den mittlerweile freigegebenen Cosford-Akten
des DI55 fehle.

Tatsache ist, daß weder die US Army noch die Royal Air
Force auch nur die geringste Ahnung hatten, was in jener Nacht
eigentlich vor sich gegangen war, so daß sie sich sogar gegenseitig die Verantwortung in die Schuhe schoben. Klar – dafür hatten
sie nicht die erforderliche Clearance. Der „unsichtbare Dritte"
(die Agency?) aber war einflußreich genug, um einen offiziellen
Schriftwechsel verschwinden zu lassen. Es mag nicht fair sein,
aber es funktioniert!

Wertung des DI55

Am 19. Mai 1993 faßte das DI55 die verfügbaren Akten des
Cosford Incident folgendermaßen zusammen:

1. In den frühen Morgenstunden des 31. März 1993 ereignete
sich ein Luftzwischenfall über einem großen Teil des Verei-
nigten Königreichs. Der Incident ist noch nicht vollständig
untersucht, und das Folgende faßt das Ereignis zusammen:
2. Sichtbare Phänomene: Generell berichtet als zweifaches (oder
dreifaches) weißes/cremefarbenes Licht, runde Form, ohne
Beam. Die Lichter bewegten sich parallel zueinander und la-
gen etwa 450 Fuß auseinander (die Schätzungen schwanken).
Mehrere Berichte geben an, daß es eine Struktur zwischen den
Lichtern gab. Manche Berichte besagen, daß ein goldener

oder silberner Schweif präsent war, manchmal mit einem roten Glühen. Manche Berichte erwähnten einen Kondensstreifen.

3. <u>Hörbare Phänomene</u>: Beschrieben entweder als lautlos oder „ein tiefes Summen".
4. <u>Orte</u>: Siehe beigefügte Karte.
5. <u>Zeugen</u>: Viele, inklusive ziviler und militärischer Polizei.
6. <u>Geschwindigkeit</u>: Vom Schwebezustand bis auf Mach 2 beschleunigend (berechnet durch einen Augenzeugen aus der Zeit, die zur Überquerung einer Bucht bekannter Größe benötigt wurde).
7. <u>Höhe</u>: Etwa 1000 Fuß.
8. <u>Andere Informationen</u>:
   a. Radarbänder aufbewahrt bei 55 (geschwärzt).
   b. Eine MIR-Versorgungsrakete trat etwa eine Stunde vor dem Ereignis in die Erdatmosphäre ein.

Das britische Verteidigungsministerium vertritt dazu den Standpunkt, die abgestürzte russische Rakete Cosmos 2238 könne allenfalls die Sichtungen in großer Höhe erklären, nicht aber die zahlreichen anderen Beobachtungen jener Nacht. Außerdem geht aus einer von Nick Pope angefertigten Skizze hervor, daß die gesichteten Objekte ganz chaotisch in vollkommen unterschiedliche Richtungen flogen und daß ihre Bahnen keinen gemeinsamen Ausgangspunkt hatten, was auch nicht dafür spricht, daß sie Trümmerteile eines einzigen verglühten Objekts gewesen wären.

Der Cosford Incident macht deutlich, mit welcher Akribie sich die britischen Militärgeheimdienstler an die Untersuchung von UFO-Fällen machen. Ganz im Gegensatz zu den berühmtberüchtigten US-UFO-Geheimprojekten wie *Grudge* oder *Blue Book* übrigens! Es lohnt sich daher, mehr über die Forschungsergebnisse der UFO-Ermittler Ihrer Majestät zu erfahren.

8

Eyes Only - Die geheime UFO-Studie des DI55

*D*IESES DOKUMENT IST EIGENTUM *DER REGIERUNG IHRER BRITI-SCHEN MAJESTÄT und wurde nur herausgegeben zur Information solcher Personen, die im Rahmen ihrer offiziellen Dienstpflichten darüber wissen müssen. Jede Person, die dieses Dokument findet, sollte es einer Service Unit oder Polizeistation übergeben, zum Zweck seiner sicheren Rückgabe an den MINISTRY OF DEFENCE INTELLIGENCE STAFF, LONDON SW1, mit den Einzelheiten des Wie und Wo.*

DAS UNAUTORISIERTE ZURÜCKHALTEN DIESES DOKUMENTS ODER SEINE VERNICHTUNG IST EIN VERSTOSS GEGEN DEN OFFICIAL SECRETS ACT 1911-1989. (Wenn es an Personen außerhalb von Regierungsbehörden übergeben wird, wird das Dokument auf persönlicher Basis herausgegeben, und der Empfänger, dem es vertraulich anvertraut wird, innerhalb der Vorschriften des Official Secrets Act 1911-1989, ist persönlich verantwortlich für seine sichere Verwahrung und für die Vorsorge, seinen Inhalt nur autorisierten Personen zugänglich zu machen).

So – jetzt wissen Sie Bescheid, wie Sie mit den in diesem Buch veröffentlichten Fakten umgehen sollten! Immerhin hat man es Ihnen mit bekannter britischer Noblesse gesagt. Insofern unterscheidet sich das Dokument, um das es in diesem Kapitel geht, markant von den bekannteren amerikanischen UFO-Akten. Daß Sie jetzt diese Seiten lesen können, zeigt aber auch, daß Sie dazu *autorisiert* wurden: Im Frühjahr 2006 hat der Defence Intelligence Staff, Abteilung 55 (kurz: DI55) des britischen Verteidigungsministeriums (MOD) seine umfangreiche Studie *„Unidentified Aerial Phenomena in the UK Air Defence Region"* („Unidentifizierte Luftphänomene im Luftverteidigungsraum des Vereinigten Königreichs") nach langem Hin und Her der Öffentlichkeit freigegeben. Das gesamte Dokument war ursprünglich mit der in Großbritannien üblichen Geheimhaltungsstufe „Secret - Eyes Only" (etwa: „Geheim - Nur zur Ansicht") klassifiziert. Ziel der Untersuchung war es, zwei Fragen zu klären: *„Gibt es unidentifizierte Flugobjekte, und wenn ja, stellen sie eine potentielle Bedrohung der Sicherheit Großbritanniens dar?"*

Dies schon vorweg: *Die erste Frage beantwortet die Studie ganz klar mit Ja. Es gibt UFOs, daran kann kein Zweifel bestehen.* Für durchschnittlich 10% aller jährlichen UFO-Sichtungen gibt es in der Tat keine Erklärung. Daraus folgt nicht automatisch, daß es sich in jedem Fall um extraterrestrische Raumschiffe gehandelt haben muß. Das DI55 hält sich da in seinen Wertungen vornehm britisch zurück, bleibt aber – im Gegensatz etwa zu den Medien – allen denkbaren Möglichkeiten gegenüber aufgeschlossen.

Die zweite Frage, ob die UFOs eine Relevanz für die Landesverteidigung besitzen, beantwortet die Studie ebenso eindeutig mit Nein. Den Ermittlern war im Verlauf der Studie kein Fall untergekommen, in dem sich ein UFO feindselig verhalten oder in sonstiger Weise nennenswerte Schäden angerichtet hätte. Das DI55 empfahl daher, nach Abschluß der Studie im Jahre 2000 die UFO-Akten des MOD zu schließen. Das Phänomen existiere zwar, falle aber nicht in die Zuständigkeit des MOD, sondern könne auch von zivilen Forschergruppen weiter untersucht werden. Nick Pope, der diese Einschätzung nicht teilte, quittierte aus Verärgerung über die Schließung der Akten seinen Dienst beim MOD.

Die UFO-Akten des MOD wurden übrigens bald wieder geöffnet, wenn auch nur halbherzig. Einige Monate nach Freigabe der Studie überrollte eine neue Sichtungswelle Großbritannien. Betroffen waren die Stadt *Sunderland* und die Grafschaften *Durham* und *Essex*. Aufgrund der großen Medienpräsenz dieser Vorfälle gab das MOD bekannt, man werde jede UFO-Meldung überprüfen, welche beweiskräftig nahelegt, daß der Luftraum des Vereinigten Königreichs kompromittiert bzw. verletzt worden wäre.

Die wissenschaftliche UFO-Studie des DI55 besteht aus vier Bänden:

- <u>Executive Summary</u>: Projektbeschreibung[38]
- <u>Volume 1</u>: „Main Report" (die eigentliche Studie)[39]
- <u>Volume 2</u>: „Information on Associated Natural & Man-Made Phenomena": Wissenschaftliche „Working Papers" über Naturphänomene und Technologien, die mit UFOs verwechselt werden können.[40]
- <u>Volume 3</u>: „Miscellaneous Related Studies": Zusätzliche Studien, u.a. über Radarbeobachtungen, exotische Technologien und den Stand der militärischen UFO-Forschung in anderen Ländern.[41]

Wir wollen Ihnen jetzt die wichtigsten Passagen der UFO-Studie des DI55 vorstellen, und zwar aus mehreren Gründen:

- Es handelt sich um die systematischste Untersuchung von UFO-Sichtungen, die uns bisher bekannt geworden ist. Die Studie kann auch jedem zivilen Forscher und jedem interessierten Leser, der von einem UFO-Bericht hörte oder selbst ein UFO gesehen hat, als wertvolle Orientierungshilfe dienen.
- Wir wollen mit Hilfe der Studie auch gemeinsam mit Ihnen der Frage nachgehen: *„Woran erkennt man ein echtes UFO?"*

- Obwohl die Studie *nicht* klären konnte, was UFOs wirklich sind, versuchte das DI55 nicht deren Existenz zu leugnen, sondern kam zu einer bemerkenswerten Schlußfolgerung: *Da die unerklärbaren UFO-Sichtungen nicht auf bloße Verwechselungen mit Naturphänomenen zurückgeführt werden können, müssen sie in einem Zusammenhang mit exotischen Technologien* (außerhalb der Box) *stehen.* Und dann heißt es weiter: *„Sofern es nicht über viele Jahre eine unvorhergesehene Lücke in unseren geheimdienstlichen Erkenntnissen gegeben haben sollte, ist die Möglichkeit, daß die Ergebnisse der Studie zeigen würden, daß die Anwesenheit des unerklärbaren Anteils der UFO-Sichtungen ausschließlich auf menschengemachte Phänomene zurückzuführen ist, zwar nicht restlos auszuschließen, aber mit Sicherheit sehr unwahrscheinlich."*

Wenn man dieses in Bürokratensprache abgefaßte Satzungetüm in verständliches Deutsch übersetzt, so heißt das nichts anderes als: *„Es gibt einen Prozentsatz von UFO-Sichtungen, der nicht durch Verwechselungen mit bekannten Naturphänomenen erklärbar ist. Dieser Prozentsatz konnte nicht ausschließlich auf irdische Geheimtechnologien zurückgeführt werden, ganz einfach, weil der britische Geheimdienst davon wüßte, wenn irgendein Land der Welt über solche Technologien verfügen würde."* Besser könnte man wohl das offene Eingeständnis nicht verstecken, *daß zumindest ein Teil der unerklärbaren UFO-Sichtungen auf extraterrestrische oder interdimensionale Technologien zurückzuführen ist.*

Die UFO-Matrix

Zunächst legt die Studie fest, was eigentlich untersucht werden sollte. Kurz gesagt: Welche Kenngrößen („Key factors") in einem Augenzeugenbericht zeichnen eigentlich ein UFO aus? Welche sonstigen Fakten und Daten können für die Beurteilung eines Falles wichtig sein?

Die wichtigsten „UFO-Deskriptoren" sind die *Form* des Objekts, das von ihm emittierte *Licht*, seine *Farbe*, ein eventuelles *Geräusch*, das von ihm ausging, *Ort* und *Zeit der Sichtung* sowie seine *Geschwindigkeit*. Das DI55 setzte diese Kenngrößen in Beziehung, z. B.: Besteht ein Zusammenhang zwischen der Häufigkeit von UFO-Sichtungen und den Orten? Mit der Tages- oder Jahreszeit? Oder man kombinierte Kenngrößen wie Form und Farbe, um zu sehen, ob so ein Objekt auf bekannte „natürliche" Ursachen zurückgeführt werden kann. Ein rötliches, kreisförmiges Licht bei Tag könnte z. B. ein Kugelblitz gewesen sein (sofern die Sichtung nicht mehr als ein paar Minuten anhielt). Bei Nacht könnte es der Mond gewesen sein, sofern er durch Nebel gesehen wurde (und sich das Objekt nicht bewegte). Eine sich bewegende rote Lichtkugel dagegen, die in einer klaren Nacht 20 Minuten zu sehen war, ist als unerklärbar, also als UFO einzuordnen.

Es ist daher wichtig, auch die möglichen „natürlichen Erklärungen" genau zu untersuchen, die ein Beobachter irrtümlicherweise für ein UFO halten könnte.

Der Umgang des Militärs mit der UFO-Thematik hat sich in den letzten Jahren erheblich geändert. Die klassischen UFO-Projekte der USA wie etwa Grudge oder Blue Book hatten lediglich die Aufgabe, UFO-Sichtungen unglaubwürdig zu machen und das Thema aus der Presse herauszuhalten. Daher griff man wahllos aus dem Topf der „natürlichen Erklärungen" irgend eine heraus und sagte UFO-Augenzeugen auf den Kopf zu, daß sie in Wahrheit gerade dies oder jenes gesehen hätten. Das steigerte sich manchmal bis ins Groteske. So sichtete die Besatzung eines B52-Bombers aus relativ naher Distanz ein zylindrisch-metallisches Objekt mit 200 Fuß Durchmesser (ca. 60 Meter!). Im Abschlußbericht von „Blue Book" hieß es dann, die Piloten hätten nur „Sterne" gesehen...[28]

„Natürliche UFOs"

Aus den Akten des DI55

Folgende bekannte physikalische Phänomene können mit UFOs verwechselt werden:

1. *Meteorologische und atmosphärische Phänomene:* Kugelblitze,Lenticularis-Wolken (linsenförmige Wolken), Halos um Sonne oder Mond, Aurora borealis (Polarlicht), Twister (Wirbelstürme), Eiswolken, Morning Glory, Lichtsäulen, Coronas, Kondensstreifen, Chemtrails, leuchtende Nachtwolken, projizierte Formen und Schatten,Fluoreszenz,Lumi-

Abb. 68 - 71: Galerie der „Natürlichen UFOs". Von oben nach unten:
68: Lenticularis-Wolken
69: Sonnenhalo mit „Nebensonne"
70: Aurora borealis
71: Kugelblitz

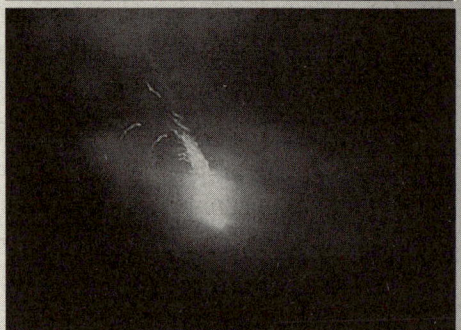

134

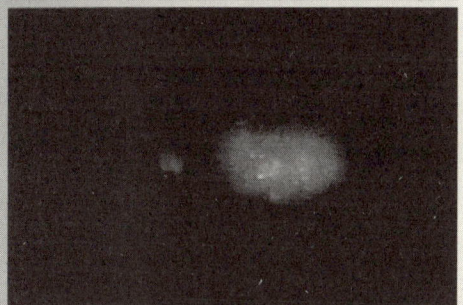

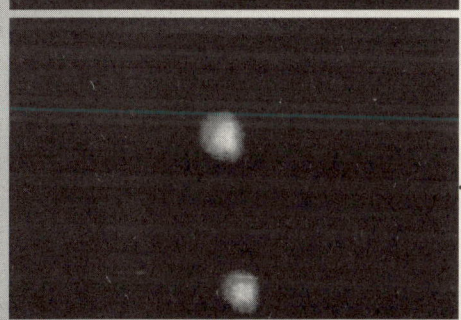

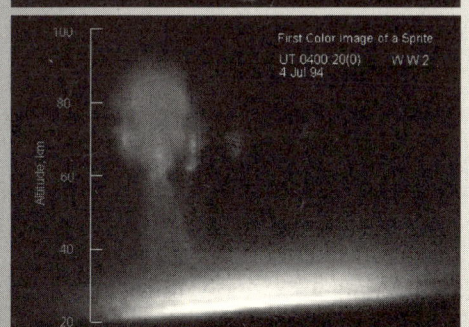

neszenz, elektrisch geladene Staub-Aerosole, Luftspiegelungen (Fata Morgana), verbundene Vortex-Ringe, Red Sprites, Blue Jets, Elves usw.

2. *·Himmelsphänomene, ionosphärische und terrrestrische Phänomene:* Erdlichter von Ley-Lines, von seismischen Aktivitäten oder Bruchlinien in der Erdkruste, Erdmagnetfeld.

3. *Kosmische Objekte*: Meteoriten, Sternschnuppen, Kometen, Planeten, Sterne.

Abb. 72- 75: Weitere „Natürliche UFOs". Von oben nach unten:
72: Morning Glory
73: Tribolumineszenz aus einem Felskristallbruch
74: Erdlichter
75: Red Sprite

135

„Militärische UFOs"

Aus den Akten des DI55

Folgende von Menschen hergestellte technische Objekte können unter Umständen mit UFOs verwechselt werden:

· Meteorologische Ballons, Luftschiffe, Heißluftballons
· Satelliten, Raumstation ISS
· Abstürzender Weltraumschrott
· Zivile und militärische Flugzeuge aus offizieller Produktion
· Geheime Testflugzeuge aus schwarzen Projekten: Stealth-Flugzeuge (Tarnkappenflugzeuge), UAVs (Unmanned Aerial Vehicle, unbemanntes Flugzeug, „Drohne"), Hanggleiter, neuartige Helikopter
· Exotische Technologien

Besonderes Interesse verdienen natürlich die „militärischen UFOs". Das Working Paper 9 (in Volume 2 der Studie) befaßt sich ausführlich mit Geheimflugzeugen, zeigt aber auf Grafiken nur Maschinen, die schon in der Öffentlichkeit bekannt sind (■ **Abb. 76-78**). Die Tatsache allerdings, daß in diesem Report ganze Seiten ausgeblendet sind, beweist, daß der britische Geheimdienst über Informationen zu weiteren Geheimflugzeugen verfügt, die wir alle noch nicht kennen sollen.

Den exotischen Technologien widmet sich Working Paper 6. Darin kommen technologische Konzepte zur Sprache, die in der Theorie bereits diskutiert und teilweise offenbar auch schon in der Praxis erprobt werden. Hierzu gehören: Antimaterietechnologien, Arcjets, Plasmatriebwerke, Plasma-Abschirmungsfelder, Ionentriebwerke, Feldemissionsantrieb, Torsionsfelder, Laserantrieb usw. Es wird auch diskutiert, wie weit einzelne Länder (USA, Rußland, Großbritannien, Frankreich, Italien) bereits bei der Erprobung solcher Technologien sind. Die Studie macht deutlich, daß UFOs, falls sie tatsächlich Raumschiffe sind, noch über weitergehende Technologien verfügen müssen – Antigravitationsantrieb, Teleportation etc.

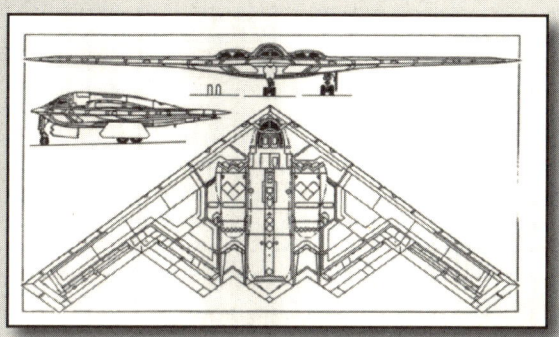

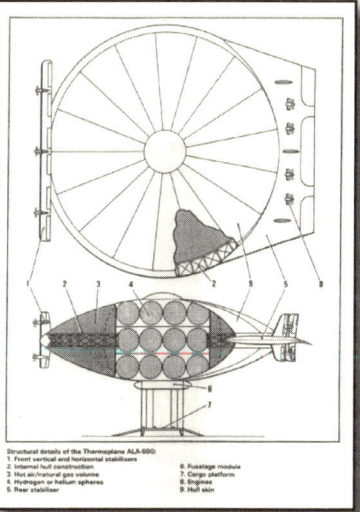

Structural details of the Thermoplane ALA-600:
1. Front vertical and horizontal stabilisers
2. Internal hull construction
3. Hot air/natural gas volume
4. Hydrogen or helium spheres
5. Rear stabiliser
6. Fuselage module
7. Cargo platform
8. Engines
9. Hull skin

Abb. 76-78: Militärische UFOs. Von oben nach unten:

76 (oben): Spirit Stealth Bomber (USA)

77 (links): Russisches Thermoplane ALA-40 (wurde 1992 in Uljankowsk getestet)

78 (unten): Ein Stealth-UCAV (Unmanned Combat Aerial Vehicle), also ein unbemanntes Kampfflugzeug (Kampfdrohne) mit sogenannter Roll-Over-Technik zur Reduzierung des vom Radar erfaßbaren Querschnitts..

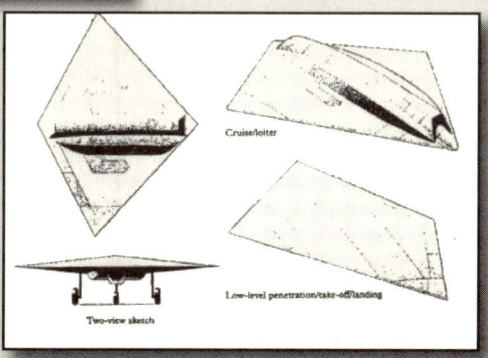

Cruise/loiter

Low-level penetration/take-off/landing

Two-view sketch

137

Das DI55 dagegen scheint die Akten wirklich ernsthaft gesichtet zu haben, und sie fanden einen genialen Weg, wie man ein Objekt als bekannt oder unbekannt kategorisieren kann – mit der *UFO-Matrix* (eigentlich sind es vier Matrizen).

Nehmen wir an, Sie haben am Himmel ein Objekt gesehen, oder jemand berichtet Ihnen über eine Sichtung, und Sie wollen wissen, ob es tatsächlich unidentifizierbar, also ein UFO, gewesen sein könnte. Eine einfache Antwort auf diese Frage gibt es nicht, aber Sie nehmen sicher auch eine etwas kompliziertere...

Als ersten Schritt ist es am wichtigsten, die Form und die Farbe des Objekts miteinander in Beziehung zu setzen.

Da wir nicht wissen, wie ein echtes UFO charakterisiert ist, müssen wir umgekehrt vorgehen und *ausschließen, daß es etwas anderes gewesen ist.* Daher beginnen wir mit der UFO-Matrix 1, in der Zusammenhänge zwischen Farbe und Form bei *bekannten* (identifizierbaren) Objekten aufgelistet sind. War das Objekt z. B. kreisförmig und orangefarben, so finden wir in der Matrix vier Buchstaben: A, M, F und L.

Diese Buchstaben sind Verweise auf die UFO-Matrix 2, in der die möglichen Ursachen der Phänomene aufgeführt sind. Ein orangefarbenes, kreisförmiges Objekt könnte demnach z. B. Folgendes sein;

A, L – ein Kugelblitz, Plasmaball oder Flare bei Tag, der Mond, durch Nebel gesehen, bei Nacht.
M – ein Meteor.
F – ein Wetterballon oder eine meteorologische Sonde.

Damit ist unser „UFO" noch keineswegs „futsch", denn alle diese bekannten Erklärungen sind natürlich nur unter Einschränkungen relevant. Die wichtigsten Bedingungen können bereits in UFO-Matrix 2 unter den Rubriken Dauer, Größe, Bewegung und Geräusch abgelesen werden. Wenn sich das Objekt langsam beweg-

Farbe / Form	Rot	Gelb	Orange	Weiß / Silber	Blau	Grün	Grau / Schwarz	Pink	Meh-rere
Kreis	A M E N L Q	A L R B M E Q	A M F L	E L F N Q	L N	M	F	A	A F B C
Disk			G L N		L				R
Zigarre	D C			C H D		D C	C		D
Stern/ Punkt	A	A	A	F J H K	J K				R
Oval		B		D H G C		L		C	
Drei-eck				E					
Recht-eck									
Dia-mant									

UFO-Matrix 1: Beziehung zwischen Farbe und Form bei identifizierbaren Objekten.

te, kann es weder der Mond (stationär) noch ein Meteor (schnell bewegt) gewesen sein. Ein Kugelblitz kann nicht eine halbe Stunde sichtbar gewesen sein usw. An dieser Stelle ist es also wichtig, genauere Informationen über die Umstände der Sichtung in Erfahrung zu bringen (sofern man sie nicht selbst erlebt hat).

Aber selbst wenn eine der gefundenen Erklärungen exakt zu passen scheint, muß diese „natürliche" Erklärung nicht automatisch zutreffen. Mehr Informationen liefern dann die wissenschaftlichen Working Papers in Volume 2 der Studie.

Working Paper 2 beschäftigt sich z. B. ausführlich mit Kugelblitzen, Plasmabällen und ähnlichen atmosphärischen Objekten. Dort heißt es u.a., daß Kugelblitze eine Größe von ca. 30-50 cm haben und bizarre, UFO-ähnliche Bewegungsmuster zeigen kön-

Schlüs-sel	Tageszeit	Ursache	Dauer	Größe	Bewe-gung	Geräusch
A	Bei Tag:	Kugelblitz, Flare, Plasma-ball	Sekun-den bis Minuten	klein	keine bis schnell	Knistern, Knacken, Explosion
	Bei Nacht:	Mond im Nebel		klein	keine	keines
B	Bei Tag:	Nebensonne	Minuten	groß	keine	keines
C	Bei Tag:	Flugzeug, Helos	Sekun-den bis Minuten	Flugzeug-größe	keine bis schnell	windabhän-gig
	Bei Nacht:	Blitzlicht, Scheinwerfer		unter-schiedlich	keine	keines
D	Bei Tag:	Luftschiff	Minuten	groß	keine bis langsam	windabhän-gig
	Bei Nacht:	Luftschiff				
E	Bei Nacht:	In Formation fliegende Vögel, deren Bauch-gefieder Licht reflektiert	Sekun-den bis Minuten	klein, geflockt	keine bis langsam	keines
F	Bei Tag:	Wetterballon, Sonde	Minuten	klein oder groß	keine bis langsam	keines
G	Bei Nacht:	Suchschein-werfer	Sekun-den bis Minuten	klein	keine bis langsam	keines
H	Bei Nacht:	Laser	Sekun-den bis Minuten	klein	keine bis schnell	keines
J	Tag und Nacht:	Stern	Minuten bis Stun-den	klein	keine	keines
K	Tag und Nacht:	Planet	Stunden	klein	keine	keines
L	Bei Nacht:	Mond	Stunden	groß	keine	keines
M	Bei Nacht:	Meteor (oft mit Schweif)	Sekun-den bis Minuten	klein	sehr schnell	keines

Schlüssel	Tageszeit	Ursache	Dauer	Größe	Bewegung	Geräusch
N	Bei Nacht:	Weltraumschrott (Wiedereintritt in die Erdatmosphäre)	Sekunden	klein	sehr schnell	keines
P	Bei Nacht:	Satellit	Minuten	klein	langsam	keines
Q	Tag / Dämmerung	Luftspiegelung (Fata Morgana)	Minuten	klein	langsam	keines
R	Bei Nacht:	Erdlichter, Sumpfgas	Sekunden bis Stunden	klein	langsam	keines

UFO-Matrix 2: Beziehung zwischen Farbe und Form bei identifizierbaren Objekten.

nen. Sie können scharfe Wendemanöver durchführen, nach oben steigen und dabei um die eigene Achse rotieren. Sie können in mehrere Teile zerfallen, Funken versprühen und Eindrücke im Boden hinterlassen. Es können auch Geräusche hörbar sein. Allerdings sind Kugelblitze nur Sekunden bis maximal einige Minuten sichtbar. Die Working Papers ermöglichen also eine bessere Differenzierung, wenn man die Umstände der Sichtung kennt.

In der UFO-Matrix 1 sind viele Felder leer. Das bedeutet, daß diese Farb-Form-Kombination nicht mit bekannten Naturphänomenen oder Technologien in Verbindung gebracht werden kann. Wenn Sie also z. B. ein rotes Dreieck gesehen haben, muß man das Objekt von vornherein als potentielles UFO einstufen.

Sie können jetzt aber auch noch die Gegenprobe machen und schauen, ob es bereits Berichte über die Sichtung eines Objekts ähnlich dem Ihren gegeben hat. Die Autoren der britischen UFO-Studie haben immerhin über 10.000 Sichtungsberichte und -protokolle ausgewertet, was schon eine ganz gehörige Datenbasis ist. Es zeigte sich, daß die unterschiedlichen Formen der UFOs häufig mit ganz bestimmten Farben korrelieren.

Wenn sich bei dem Check Ihrer Sichtung mit Hilfe der UFO-Matrizen 1 und 2 ergibt, daß es sich um ein UFO gehandelt haben könnte, gehen Sie jetzt bitte in UFO-Matrix 3. Sie betrifft *unidentifizierbare Objekte*. Dort suchen Sie wieder das Feld in der Matrix auf, das durch Form und Farbe spezifiziert wird.

In unserem Beispiel war das gesichtete Objekt orangefarben und kreisförmig. Für diese Kombination ist das Matrixfeld in UFO-Matrix 3 leer. Ein solcher UFO-Typ ist bisher, zumindest in den britischen UFO-Akten, noch nicht vorgekommen. Das heißt noch lange nicht, daß es ihn nicht doch geben könnte.

Nehmen wir an, das kreisförmige Objekt sei statt dessen pinkfarben gewesen. Dann finden wir in UFO-Matrix 3 ein „T".

Pinkfarbene kreisförmige (unerklärbare) UFOs sind den Ermittlern des DI55 also schon untergekommen. Wiederum bezeichnen die Buchstaben in der Matrix Kenngrößen zur Auffindung weiterer Informationen, diesmal in UFO-Matrix 4. Dort sehen wir, welche Charakteristiken die pinkfarbenen UFOs hatten, die sich in den Akten des britischen Geheimdienstes befinden:

- Sie sind zwischen 5 und 30 Meter groß
- Die Sichtungen dauern oft nur Sekunden, können aber auch stundenlang anhalten
- Sie stehen still oder bewegen sich sehr schnell
- Sie sind geräuschlos

Die Bemerkung mit den Lichtern ist hier irrelevant, da sie laut UFO-Matrix 4 nur für Dreieck-, Pyramiden-, Rechteck- und Diamantformen gelten.

Sah „Ihr" UFO auch so aus, und verlief die Sichtung ähnlich? Dann haben Sie sozusagen ein „Echtheitszertifikat", und noch dazu vom Militär!

Wir alle, die wir von der Existenz extraterrestrischen Lebens überzeugt sind, ärgern uns doch immer, wenn offizielle Stellen,

Form \ Farbe	Schwarz	Pink / Weiß	Metallisch Grau	Rot / Orange	Grün	Blau
Sphäre oder Sphären	S	T				
Disk	S	T	U	D		
Zigarre	S	T	U			
Stern / Punkt		T				
Oval, Eiform oder elliptisch	S	T	U			
Dreieck, Pyramide oder Konus	S		U	V	V	V
Rechteck	S		U			
Diamant	S					

UFO-Matrix 3: Beziehung zwischen Farbe und Form bei unidentifizierten Objekten (UFOs).

insbesondere auch die Medien, solche Sichtungen herunterzuspielen versuchen und uns lächerliche Alternativerklärungen bieten (siehe das Beispiel von „Blue Book" mit den „Sternen"). Andererseits sind wir natürlich auch nicht daran interessiert, nunmehr jedes Licht am Himmel zu einem extraterrestrischen Raumschiff zu deklarieren. Die Studie des DI55 gibt uns erstmals die Möglichkeit, eigene Sichtungen oder solche, die uns erzählt werden oder über die wir in der Presse gelesen haben, besser einzuordnen.

Raum-zeitliche Cluster

Bei der Auswertung der UFO-Akten fiel den Ermittlern auf, daß es an bestimmten Tagen zu auffallenden Häufungen von UFO-Sichtungen kam. Ein besonders markantes Beispiel ist

Schlüssel	Tages-zeit	Bemerkungen	Dauer	Größe	Bewe-gung	Geräusch
S	Bei Tag: Bei Nacht:	Unidentifizierte Silhouette; dreieckige Objekte meist leicht konvex Form als Schatten zwischen den Lichtern an den Extremitäten	Sekunden bis Minuten	Dreieck mindestens 150 Fuß, Objektgröße oft bis zu 250 Meter	keine bis schnell	keines
T	Bei Nacht:	Manchmal Lichter an den Extremitäten von Dreieck, Pyramide, Rechteck und Diamant	Sekunden bis Stunden	Alle Formen 5 - 30 m Durchmesser, Zigarren evtl auch länger, oft mit Lichtern bestückt	keine bis schnell	keines
U	Bei Tag:	Wird als Silhouette be-obachtet oder als reflektiertes Licht vom „Körper" des Objekts	Sekunden bis Minuten	2 - 10 m	keine bis schnell	Summen, Heulen oder Brum-men
V	Bei Nacht:	Pulsierende rote und or-ange Lichter an der Unterseite, grüne und blaue an den Extremitäten	Sekunden bis Stunden	5 - 30 m, oft mit Pyramiden, Pulsations-rate steigt geschwin-digkeitsab-hängig	keine bis schnell	keines

UFO-Matrix 4: Beziehung zwischen Farbe und Form bei unidentifizierten Objekten.

144

natürlich der Cosford Incident. Eine Korrelation zu anderen Faktoren, die solche zeitlichen Zusammenhänge verursachen, konnte man nicht entdecken. Ein Teil der Akten wies aber darauf hin, daß zuweilen an solchen Tagen ganz einfach mehrere Menschen an unterschiedlichen Orten das gleiche Objekt beobachtet hatten. Solche Informationen waren natürlich sehr wertvoll, denn sie erlaubten es, in diesen Fällen die Geschwindigkeit des Objekts relativ gut abzuschätzen (■ **Abb. 79**).

Daraus ergaben sich weitere Erkenntnisse. Zum Beispiel konnte man Fluggeschwindigkeiten berechnen, die es ausschlossen, daß ein Objekt ganz einfach passiv vom Wind vorwärts getrieben worden war. Die Studie resümiert: *Solche Objekte bewegten sich offensichtlich unter dem Einfluß „elektrischer oder magnetischer, anziehender oder abstoßender Felder".* Oder von (Anti-) Gravitationsfeldern, ist man versucht hinzuzufügen. Aber ein solcher Hinweis würde der *Agency* wohl nicht passen.

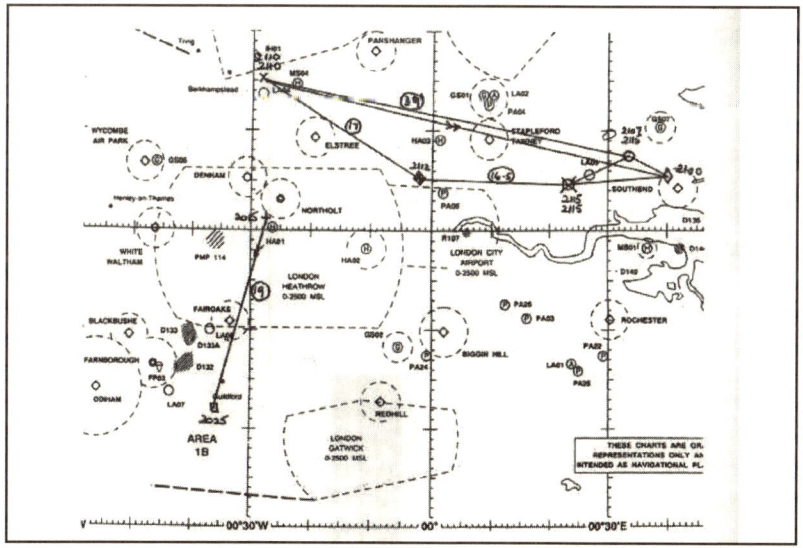

Abb. 79: Aus unterschiedlichen Sichtungen, die sich auf ein und das selbe Objekt beziehen könnten, rekonstruierte das DI55 mögliche Flugbahnen und Geschwindigkeiten von UFOs.

145

Über die Jahre gesehen, gab es eine markante Häufung von UFO-Sichtungen im Jahre 1978 (siehe ■ **Abb. 54** auf S. 91). Die Studie berichtet aber auch über einen „Peak" (Spitze) im Jahre 1996. Allein 14 Sichtungen gab es in der Nacht des 18. August 1996, je 12 in der Nacht des 26. Februar und des 1. Mai, an drei weiteren Tagen jeweils 7 Sichtungen usw. Es gab keinen erkennbaren Grund für diesen Anstieg der UFO-Sichtungen.

Eine der beliebtesten offiziellen Erklärungen für UFO-Sichtungen ist es nach wie vor, die Menschen hätten ein ganz gewöhnliches Flugzeug oder dessen Positionslichter fälschlicherweise für ein UFO gehalten. Auch dieser Frage ist das DI55 nachgegangen, was nicht einmal schwer ist. Flugzeuge dürfen schließlich nicht herumfliegen, wo sie wollen, sondern müssen aus Sicherheitsgründen ganz bestimmte Luftkorridore benutzen.

Das DI55 behauptet, daß ein Zusammenhang zwischen UFO-Sichtungen und Luftkorridoren existiere. Diese Behauptung ist allerdings anhand der in der Studie veröffentlichten Daten nicht nachvollziehbar. Es ist unbestreitbar, daß sich entlang städtischer Ballungszentren die UFO-Sichtungen häufen und daß durch diese Regionen auch Luftkorridore führen. Es ist aber auch klar, daß dort, wo mehr Menschen leben, ganz automatisch mehr UFOs gesehen werden. Rund um andere Luftkorridore tat sich praktisch gar nichts an UFO-Aktivitäten. Viele räumliche UFO-Cluster dagegen liegen abseits der Luftkorridore. Die Behauptung, UFO-Sichtungen seien Verwechselungen mit Flugzeugen, läßt sich also generell nicht aufrechterhalten.

Auf der Suche nach dem „Durchschnitts-UFO"

Die Vielfalt der Formen, Farben und Bewegungsmuster unbekannter Flugobjekte ist für einen Forscher schon verwirrend. Wenn es Raumschiffe von Extraterrestriern geben sollte, warum zeigen sie sich uns dann in solch unterschiedlicher Gestalt? Es gibt dazu unterschiedliche Hypothesen. Eine besagt, daß eben nicht nur eine, sondern viele verschiedene Zivilisationen die Erde besuchen. Diese Behauptung ist natürlich nicht widerlegbar, wird aber auch durch keinerlei plausible Beweise gestützt.

Eine andere, überzeugendere Hypothese ist es, *daß bei den UFO-Sichtungen gar nicht das UFO selbst gesehen wird, sondern ein verzerrtes Bild von ihm.* Wir wissen von Grebennikows Forschungen, daß Antigravitation eine perfekte Tarnkappentechnologie ist. Das soll die Arbeit des DI55 in keiner Weise schmälern. Im Gegenteil: *Die UFO-Matrix erlaubt uns in vielen Fällen, echte UFOs von Naturphänomenen zu unterscheiden, und zwar – so paradox es klingen mag – sogar ohne zu wissen, wie UFOs eigentlich aussehen!* Da UFOs in der Regel perfekt getarnt sein dürften, kann man sie *nur* über die physikalischen Nebenwirkungen ihres Antriebs- und Tarnkappenmoduls identifizieren. Es ist so, als ob man von einem Flugzeug nur den Kondensstreifen sehen würde. Von einem UFO im Antigravitationsmodus sehen wir meist nur den einhüllenden Licht- bzw. Plasmakokon. *Was sich dahinter verbirgt, ist unbekannt.* Würde die UFO-Technologie es sogar erlauben, ein bekanntes Naturphänomen perfekt zu imitieren – eine Möglichkeit, die in den Top-Secret-Umbra-Akten der NSA[28] ins Gespräch gebracht wurde –, dann wären die Untersuchungsinstrumente der DI55-Studie natürlich komplett ausgehebelt. Es wäre für uns unmöglich, ein solches UFO als UFO zu erkennen. Man könnte z. B. ein Objekt sehen, das nach unseren Kriterien ein Meteor sein müßte, *in Wahrheit aber nur so tut, als ob es ein Meteor wäre.*

Die Konsequenzen aus der Antigravitations-Tarnkappentechnologie sind geradezu paradox: *Wenn die UFO-Matrix sagt, ein Objekt war ein UFO, dann ist diese Information noch relativ sicher. Es gibt aber keine Sicherheit, daß etwas **kein** UFO war.*

Dennoch hat das DI55 in seiner Studie der Statistik breiten Raum gewidmet, um so etwas wie ein „Durchschnitts-UFO" zu finden. Hierzu wertete man die Häufigkeit der wichtigsten UFO-Deskriptoren (Form, Farbe etc.) aus. Der Wert solcher Statistiken entspricht in etwa dem Versuch, Flugzeugtypen anhand ihrer Kondensstreifen zu identifizieren. Mit einer solchen Fähigkeit könnte man vielleicht bei „Wetten, daß" auftreten – wie ein UFO wirklich aussieht oder wie es funktioniert, erfahren wir daraus nicht.

Man fragt sich ernsthaft: Wußten die DI55-Wissenschaftler nichts von Antigravitation, oder tun sie nur so? Genau wie in der amerikanischen Studie zur Weltraumverteidigung ist auch für das DI55 die Antigravitation geradezu ein Tabuthema!

Trotz dieser erheblichen (und sicher berechtigten) Zweifel am Wert der *Schlußfolgerungen*, die das DI55 aus seiner Studie gezogen hat, ermöglichen die Statistiken aber einige sehr interessante *Erkenntnisse*, die auch für zukünftige Forschungen im Bereich der Antigravitationstechnologien wichtig sein könnten. Daher wollen wir auch diese Passagen der Studie kurz streifen.

Im Fall der *Farbe* sehen Sie das Ergebnis der statistischen Auswertung in ■ **Abb. 80**. Dabei muß man noch unterscheiden, ob das „UFO" wirklich als solides materielles Objekt gesehen wurde oder „nur" als Lichterscheinung. Über massive Objekte wurde nur in etwa 6% der Fälle berichtet, der Rest waren Lichtobjekte. Der größte Prozentsatz (33%) wurde als *weiß* geschildert. Das kann unterschiedliche Ursachen haben. Es könnte ein massives Objekt gewesen sein, das das Sonnenlicht entsprechend reflektierte, oder es handelte sich um eine Eigenstrahlung aufgrund großer Hitze bzw. um Licht, das – z. B. durch ein exotisches Antriebssystem – rund um das Objekt entstanden war.

Seltsamerweise sind 26% der Lichterscheinungen *grün*, während andere Farben wie *Rot, Blau* oder *Gelb*, nur bei 10% oder noch darunter lagen. Warum das so ist, ist unbekannt.

Etwa 6% der Objekte werden als *grau* oder *schwarz* geschildert, was auffallend gut (vielleicht zu gut) mit dem Prozentsatz der als „massiv" beschriebenen Objekte korreliert. Möglicherwei-

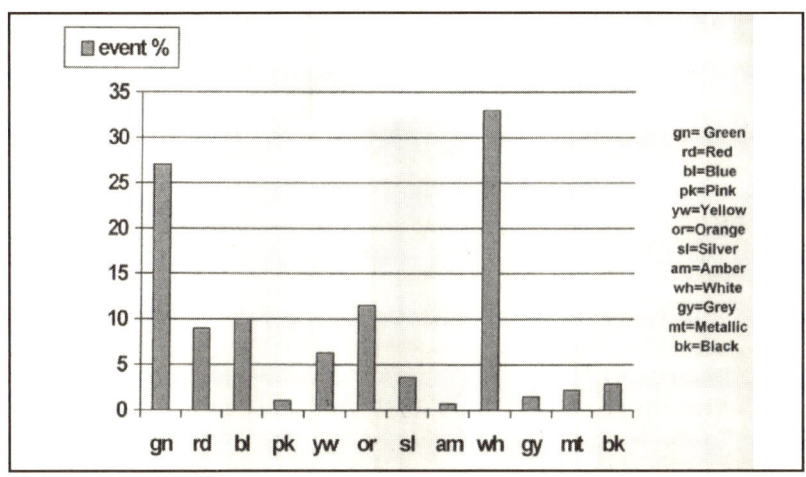

Abb. 80: Statistische Auswertung der Farben gesichteter UFO-Objekte (700 Sichtungen, 1996/1997)

se verleitet also die Farbe Augenzeugen erst dazu, das Objekt als „massiv" anzugeben. Es entspricht nun einmal unserer klassischen Vorstellung von einem massiven Flugobjekt, daß es „aus Metall zu sein hat" und daher grau oder schwarz aussieht. Das DI55 weist darauf hin, daß gasförmiges Plasma aufgrund seines Reflexionsverhaltens ebenfalls massiv grau oder schwarz erscheinen kann. Außerdem gibt es graue und fast schwarze Wolken, die manchmal auch UFO-förmig sein können (■ **Abb. 68** auf S. 134).

Was die *Form* der gesichteten Objekte betrifft, so gibt es zwei Hauptformen, die den größten Anteil der gesichteten UFOs ausmachen. Rund 30% der Objekte werden als *kugel-* bzw. *kreisförmig* beschrieben, und der zweitgrößte Prozentsatz, mehr als 20%, wird als *so hell leuchtend geschildert, daß keine klare Form ausgemacht werden konnte.*

Damit sind bereits über die Hälfte aller Sichtungen abgedeckt. Man muß dabei beachten, daß die Form der Objekte in hohem Maße von der Präzision der Schilderung des Beobachters abhängt. Werden z. B. mehrere farbige, kreisförmige Lichter gesehen, so

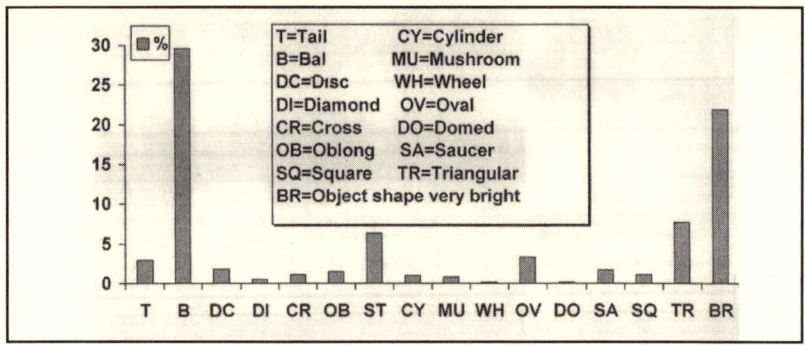

Abb. 81: Statistische Auswertung der Formen gesichteter UFO-Objekte (1014 Sichtungen, 1996/1997)

ist es, speziell bei Nacht, oft schwer zu entscheiden, ob es sich um mehrere Lichtobjekte handelt, die in Formation fliegen, oder ob es ein einziges großes Objekt ist, das nur mehrere fest angebrachte Positionslichter hat. In manchen Fällen ist die Silhouette des eigentlichen Objekts schemenhaft zu erkennen, dann wird der Beobachter i. a. diese Form in seinem Bericht vermerken. Diesen Typ kennt man von den berühmten dreieckigen UFOs, wie sie in den neunziger Jahren in großer Zahl über Belgien beobachtet wurden (■ **Abb. 35** auf S. 46). Die klassische „fliegende Untertasse" trat nur in ca. 2% der Fälle auf, mit Kuppel noch seltener.

Was die echten UFOs am meisten von irdischen Flugkörpern unterscheidet, ist ihr oft *exotisches Flugverhalten.* Bekannte Objekte wie Satelliten, Flugzeuge oder Meteore folgen in der Regel (näherungsweise) geradlinigen oder parabelförmigen Flugbahnen. UFOs dagegen vollführen zuweilen Bewegungen, die den physikalischen Gesetzen hohnzusprechen scheinen, oder sie „hängen" still in der Luft. Das bedeutet aber, daß sie sich auf jeden Fall mit eigener Kraft fortbewegen und evtl. sogar intelligent gesteuert sind.

Bei etwa 10% der Sichtungen wurde berichtet, daß sich das Objekt im *Steigflug* befand – ein eindeutiger Beweis, daß es sich nicht um einen Meteor oder um Weltraumschrott handeln konnte. Dieses Argument war z. B. von großer Bedeutung beim Cosford Incident, da in jener Nacht auch eine russische Trägerrakete abgestürzt war. Bei den 858 Objekten, die für die Statistik in ■ **Abb. 82** ausgewertet wurden, befand sich dagegen *kein einziges im Sinkflug*, was für einen Meteor, eine Sternschnuppe oder eine abstürzende Rakete die normale Bewegungsrichtung wäre. Um zu steigen, muß ein (schweres) Objekt von einer Kraft angetrieben werden. Die Studie zitiert allerdings in Volume 3 ein inzwischen freigegebenes Working Paper aus Rußland, wonach auch Plasma-Aerosole ein solches Flugverhalten zeigen können.

12% der Objekte schienen völlig lautlos in der Luft stillzustehen, ca. 4% schwebten wie Luftkissenfahrzeuge. Etwa 1,6% der Objekte flogen auf ausgesprochen chaotischen Bahnen (in der Statistik als „Bobbing" bezeichnet). Dies deutet auf eine Instabilität des Flugverhaltens in der Erdatmosphäre hin. Derartige Instabilitäten sind im Antigravitationsmodus möglich – eine Konsequenz des Meißner-Ochsenfeld-Effekts, die auch bei Podkletnovs Experiment beobachtet wurde. 14% schienen während des Fluges um die eigene Achse zu rotieren.

Oft werden UFOs für ein sehr flüchtiges Phänomen gehalten – wenn man nicht schnell genug hinschaut, ist es schon wieder

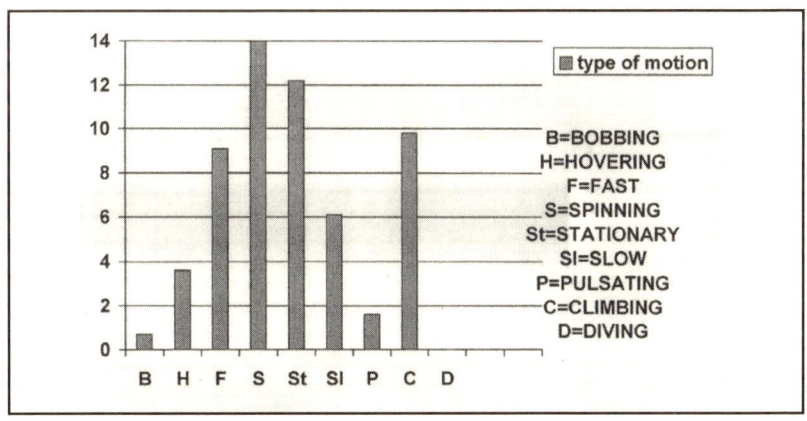

Abb. 82: Statistische Auswertung Bewegungstypen gesichteter UFO-Objekte (858 Sichtungen, 1987/1991)

151

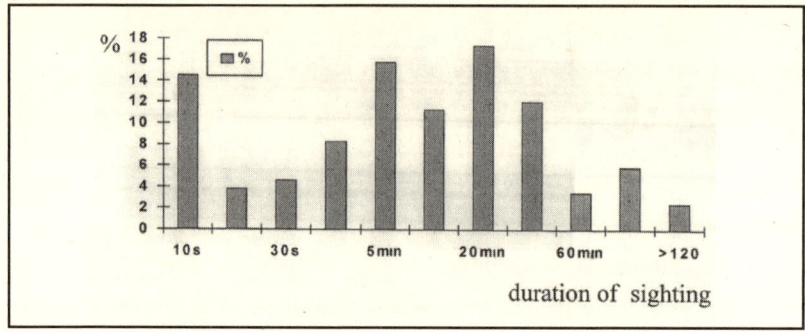

Abb. 83: Statistische Auswertung der Dauer von UFO-Sichtungen.

fort. Tatsächlich dauern 14% der Sichtungen nicht länger als 10 Sekunden. Um so überraschender ist es, daß es einen noch größeren Prozentsatz von fast 18% gibt, bei denen die Sichtung bis zu 20 Minuten andauerte (■ **Abb. 83)**.

Es wurden auch noch weitere Korrelationen untersucht. Ein Zusammenhang erhöhter UFO-Aktivitäten mit dem *Wetter*, insbesondere mit *atmosphärischen elektromagnetischen Feldern* an Tagen mit erhöhter UFO-Aktivität, konnte nicht festgestellt werden. Das heißt, UFOs sind in der Regel keine elektromagnetischen Phänomene. Ebenso existiert keine Korrelation mit *Sonnenaktivitäten*. Damit scheiden für viele Sichtungen Kugelblitze, elektrisch geladene Plasmaobjekte etc. als Ursache aus, ebenso Meteore, da im Untersuchungszeitraum nur 27 Objekte (2,6%) den typischen Schweif hatten bzw. wie Meteore oder Kometen aussahen.

Ungeachtet fehlender Beweise favorisiert das DI55 *elektrisch geladene Plasmabälle* als mögliche Ursache vieler UFO-Sichtungen und bezieht sich dabei auch auf russische Untersuchungen (z. B. über Vakuumdomänen). *Plasmaobjekte sind in der Tat in Aussehen und Verhalten den geschilderten UFOs am ähnlichsten.* Sie könnten also eine Alternative zur Hypothese „extraterrestrischer Raumschiffe" sein. Die Ähnlichkeit ist kein Zufall, wissen wir doch, daß Fluggeräte im Antigravitationsmodus vermutlich um sich herum Felder aus geladenem Plasma erzeugen.

Was wie ein Naturphänomen aussieht, muß allerdings noch lange kein Naturphänomen sein! Diese Tatsache zu ignorieren, ist *einer der gravierendsten Fehlschlüsse* in der Studie des DI55. In ihren Schlußfolgerungen sind die US-Geheimdienste schon weiter, obwohl sie ihre Akten längst nicht so akribisch ausgewertet haben wie die Briten. Es ist sicher übertrieben, daß die NSA nun in jedem Busch (diesmal mit „sch"!) eine Bedrohung wittert – auf jeden Fall haben sie viel besser kapiert, was Tarnkappentechnologie bedeutet.

Fazit: Das „Standard-UFO" gibt es nicht. Am häufigsten laufen Sichtungen so ab: *Es wird eine strahlend weiße Lichtkugel gesehen, die still am Himmel steht und/oder sich sehr schnell fortbewegt. Die Sichtung kann sehr schnell vorüber sein (10 Sekunden), oder sie dauert sehr lange an (20 Minuten und länger).* Daraus sollten wir keinesfalls den Trugschluß ziehen, Extraterrestrische kämen in „Lichtschiffen" zu uns (eine typische Fehlinterpretation der Statistik!). Sie leuchten aus dem gleichen Grund, aus dem unsere Autos Abgase aus dem Auspuff pusten, und schließlich sagt auch keiner, wir würden in Fahrzeugen aus Qualm fahren (obwohl sich Berlin diesem Zustand durchaus annähert!)

Einer Erklärung, was die etwa 10% „echten" UFOs wirklich sind und wie sie aussehen, sind wir also durch die Studie nicht viel näher gekommen. Aber wir haben dennoch sehr viel über UFOs erfahren. So leicht kann uns niemand mehr mit banalen Scheinerklärungen abspeisen. *Die Wahrscheinlichkeit, daß zumindest einige der UFOs intelligent gesteuerte Objekte aus dem Weltraum sind, ist durch die Resultate der Studie des DI55 gestiegen.*

Entscheidend ist nicht, wie UFOs aussehen, sondern welche Technologie sie benutzen. Mit dem richtigen Wissen können Menschen oder menschenähnliche Wesen sogar ohne UFO frei herumfliegen. Hin und wieder werden sie dabei sogar beobachtet...

Fliegende Humanoiden

Samstag, 23. Mai 1964

Auf dem Raketentestgelände *Woomera* in *Südaustralien* (■ **Abb. 84**) läuft der Countdown für den Test einer *Blue-Streak-Rakete*.

T - 20 minutes and counting...

Das Wetter ist gut, alle Telemetriedaten sind normal. Die Techniker verlassen die Startrampe und begeben sich in die Kommandozentrale. Der Launch Director ruft die Mitarbeiter des Teams zu einem letzten kurzen Briefing.

T - 10 minutes and counting...

Plötzlich kommt Unruhe auf im Kommandostand. Ein Techniker sieht auf einem Überwachungsmonitor zwei Männer in weißen Raumanzügen und mit Helmen unmittelbar neben der Abschußrampe. Spione? Saboteure? Viel mysteriöser – diese Männer schweben in der Luft!

T - 9 minutes and holding...

Der Countdown wird sofort gestoppt, und Sicherheitskräfte durchkämmen das gesamte Gelände. Die zwei Männer in den weißen Raumanzügen werden jedoch nie wieder gesehen.

Abb. 84

Etwa zur gleichen Zeit, am anderen Ende der Welt.

Der Feuerwehrmann *James Templeton* macht mit seiner Frau und seiner fünfjährigen Tochter *Elizabeth* ein Picknick im Naturschutzgebiet *Burgh Marsh* bei *Carlisle, Cumberland (England)*. Er spürt eine hohe Luftelektrizität, wie vor einem Gewitter. Die Kühe und Schafe, die sonst dort grasen, drängen sich am Rand der Wiese, so als ob sie Angst vor etwas hätten. Elizabeth dagegen pflückt unbeschwert einen Strauß Blumen. James macht drei Fotos von ihr, alle in gleicher Pose. Im Moment der Aufnahmen ist außer der Familie kein Mensch auf der Wiese.

Einige Tage später. James Templeton holt seinen entwickelten Film vom Drugstore ab. Als er sich die Bilder seiner Tochter anschaut, sieht er auf dem zweiten der drei Bilder direkt hinter dem Kopf des Kindes die Gestalt eines roboterähnlichen Humanoiden mit einem weißen Overall, Helm und Visier (■ **Abb. 85**). Die Gestalt scheint schwerelos in der Luft zu schweben.

James zeigt das Foto der Polizei, die aber damit auch nichts anfangen kann. Die Lokalzeitung „Cumberland News" bekommt Wind von der Sache und greift die Story auf. Binnen Stunden geht Elizabeths Foto um die Welt. Die Firma Kodak analysiert das Negativ, schließt eine Fälschung aus und

Abb. 85

verspricht jedem, der das Rätsel löst, Gratisfilme auf Lebenszeit.

Erst 2002 lüftet James Templeton in einem Artikel für die „Daily Mail" ein weiteres Geheimnis: Unter den vielen Briefen, die er erhalten hatte, war auch ein Schreiben vom Raketentestgelände *Woomera*, in dem man ihn um Zusendung eines Abzugs seines Fotos gebeten hatte. Man habe am gleichen Tag die gleichen Gestalten auch gesehen... Und was noch merkwürdiger ist: Die Blue-Streak-Rakete war in einer Fabrik in unmittelbarer Nähe von Burgh Marsh gebaut worden.

Mexico City, 17. 6. 2005

Horacio Roquet geht wie gewohnt um 7:00 Uhr morgens zur Arbeit. Da sieht er plötzlich über dem Dach seines Hauses eine humanoide Gestalt am Himmel schweben. Er eilt ins Haus zurück, holt seine Videokamera und beginnt zu filmen (■ **Abb. 86**). Er sieht, wie der Humanoid in der Luft frei in allen Richtungen manövrieren, stoppen und beschleunigen kann, und das alles völlig lautlos. Nach einigen Minuten verschwindet er.

„Fliegende Humanoiden" wurden in Mexiko schon öfter beobachtet. Am 16. 1. 2004 landete ein solches Wesen mitten auf der Windschutzscheibe des Streifenwagens eines Polizisten namens *Leonardo Samaniego*. Der Beamte war mehrere Minuten lang bewußtlos. Beobachtungen fliegender Humanoiden sind u.a. auch aus Österreich, Spanien, Polen und Rußland bekannt. Begegnungen mit fliegenden Hu-

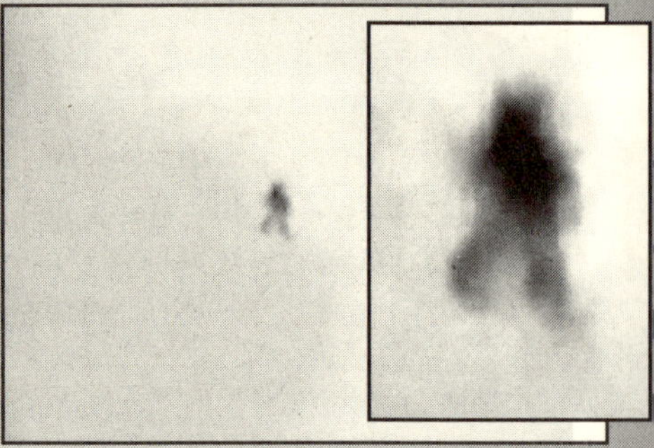

Abb. 86

manoiden erinnern an das Erlebnis von Viktor Grebennikow über Nowosibirsk (s. S. 46). *Ganz offenbar werden im irdischen Luftraum von Zeit zu Zeit Fluggeräte erprobt, die auf einer Technologie „außerhalb der Box" (Antigravitation) basieren.* Nie wurden bei diesen Gestalten klassische Antriebssysteme wie Rotoren oder Düsentriebwerke gesehen, und der Humanoid auf Templetons Foto war sogar zeitweise unsichtbar und manifestierte sich nur auf einem von drei Fotos. Genau solche Effekte zeigen Fluggeräte (und ihre Besatzungen) im Antigravitationsmodus.

Die vorhandenen Fotos und Videoaufzeichnungen sind in der Regel zu undeutlich, um zu entscheiden, ob es Menschen sind, die eine geheime Antigravitationstechnologie (der Agency) erproben, oder ob es sich um fremde Besucher handelt.

UFO-Technologien außerhalb der Box

Selbstverständlich beurteilt das DI55 die UFO-Berichte nicht nur nach den wenigen Key Factors, die in den UFO-Matrizen aufgeführt sind. Dies ist nur der Einstieg. Jede Sichtung, die potentiell ein UFO beschreibt, erfordert noch tiefergehende Betrachtungen, auch mit Hilfe der Working Papers. Weitere Faktoren sind z. B. elektromagnetische Strahlungen und andere Kraftfelder.

Das DI55 ist da sehr rigoros und bezeichnet alle Sichtungen als „natürlich erklärbar", bei denen Kraftfelder auftreten, die auch aus unserer irdischen Technologie bekannt sind, z. B. im zivilen und militärischen Flugverkehr. Man geht also implizit davon aus, daß ein echtes extraterrestrisches UFO eine Technik benutzen *muß*, die unser eigenes technisches Know-How (sowie unser momentanes Verständnis der Physik) übersteigt – sicher eine sehr eingeschränkte Sichtweise. Daß trotzdem pro Jahr rund 10% echte UFOs übrigblieben, zeigt: Wer immer aus dem Weltall zu uns kommen mag, er muß tatsächlich eine Technologie weit, weit außerhalb unserer Box haben!

Dies betrifft unterschiedliche Charakteristika der Objekte. Das DI55 zählt einige Faktoren auf. Die beobachteten Geschwindigkeiten und Wendemanöver erfordern z. B. Materialien, die uns noch nicht zur Verfügung stehen. Herkömmliche Flugzeuge würden solchen Belastungen nicht standhalten (ebensowenig menschliche Insassen). Weiterhin wären laut DI55 zum wissenschaftlichen Verständnis von UFO-Technologien neue Erkenntnisse erforderlich über Supraleitung, Energieübertragung, Gyroskop-Phänomene, Sensortechnik, Thermodynamik, neuartige Informations- und Kommunikationskanäle und vieles mehr, was wir uns teilweise noch nicht einmal vorstellen können. Antigravitation wird – wie könnte es anders sein – nicht einmal am Rande erwähnt.

Es mag überraschend klingen, aber die Suche nach neuen An-
triebssystemen und anderen technologischen Erkenntnissen au-

ßerhalb der Box war sogar einer der Hauptbeweggründe für die Studie! Natürlich gibt das DI55 nicht offen zu, daß man an die Existenz extraterrestrischer Raumschiffe glaubt und herausfinden wollte, wie sie funktionieren, aber – wer sucht, der findet! Zum Beispiel im dritten Kapitel von Volume 3. Dort heißt es gleich im ersten Satz: *„Einer der Gründe, eine Analyse von UFO-Berichten zu machen, war es, jegliche Art von Phänomenen zu identifizieren, die man robust erzeugen könnte, um militärische Vorteile zu erlangen."* Interessanterweise ist sofort nach diesem Satz rund eine Drittelseite ausgeblendet, ebenso praktisch die gesamte zweite Hälfte des Kapitels. Man hat also nicht nur gesucht, sondern auch gefunden...

Der verbliebene Text ist – ganz nach Art der Agency – voller Konjunktive: *„Wenn man entdecken würde, daß solche Flugobjekte tatsächlich existieren, ... erschiene es möglich, neue militärische Anwendungen zu finden, wenn man die Effekte in einer kontrollierten Weise nachvollziehen könnte."* Drei mögliche Anwendungen habe man bereits identifiziert. Alles weitere, außer einer Passage über die *„technische Nutzung von Erdlichtern"*, die aber nicht von militärischem Interesse sei, ist ausgeblendet. Na super!

Kontrolle der Bevölkerung

Wir haben Ihnen zwei wissenschaftliche Studien mit ähnlicher Zielrichtung vorgestellt – UFOs und Weltraumverteidigung –, die zu ganz unterschiedlichen Schlußfolgerungen kommen. Die Studie aus den USA suggeriert – im Sinne der geheimen Agency – die Notwendigkeit sofortiger Aufrüstung, während die Briten offiziell UFOs für existent, aber für militärisch irrelevant erachten.

Seit Wiedereröffnung der UFO-Akten ist das MOD sogar komplett zur alten Politik des Nichtwissens zurückgekehrt, so als ob es die DI55-Studie nie gegeben hätte. Dies beweist der Umgang mit einer UFO-Sichtung aus dem Jahre 2007.

Britischer Kanal, 23. 4. 2007

Aus den Akten des DI55

Am 23. 4. 2007 war eine Britten Norman Trislander (ein kleines Passagierflugzeug) auf Südkurs über dem Britischen Kanal von Southampton nach Alderney unterwegs. Um 14:09 Uhr sah der Pilot etwa 5-10 Meilen nördlich von Ortac ein grell orangegelb leuchtendes Flugobjekt in seiner 12-Uhr-Position in einer geschätzten Entfernung von 7-8 nautischen Meilen. Die Form des Objekts beschrieb er als „tragflügelartig", etwa so groß wie eine Boeing 737. Sieben Minuten später erblickte er noch ein weiteres Objekt gleicher Größe und Gestalt. Die Sichtung wurde vom Piloten einer Jetstream 41 bestätigt, die zur fraglichen Zeit nordöstlich der Insel Sark in Richtung Jersey unterwegs war. Auf dem Radar war nichts zu sehen, was der zuständige Controller damit erklärte, daß die Objekte am Himmel still standen (unbewegte Objekte werden vom Radar herausgefiltert). Zunächst registrierte der Pilot der Trislander die Objekte auf gleicher Höhe mit seiner Maschine, später auf 2000-2500 Fuß. Als er vor der Landung auf Alderney zum Sinkflug ansetzte, verschwanden die Objekte in Sekundenschnelle im Dunst, auf etwa 1500-2000 Fuß Höhe.

Der Pilot informierte den Air Traffic Controller, der wiederum das Militär benachrichtigte, wo man ihm eine Telefonnummer zum MOD in London gab. Dort hinterließ er eine Meldung auf dem Anrufbeantworter.

Auf einigen Umwegen gelangte der Bericht des Controllers am 5. Mai 2007 zum MOD, in Form einer Freedom-of-Information-Anfrage. Beigefügt waren Faksimiles der Logbucheintragungen, einiger Lageskizzen sowie eines Air Safety Reports des Piloten der Trislander (■ Abb. 87). Da alle Namen in den Dokumenten geschwärzt sind, ist es weder ersichtlich, wer diese Anfrage eingereicht hatte, noch zu welcher Abteilung des MOD sie weitergeleitet wurde. Der Autor des per E-Mail versandten Antwortschreibens bezeichnete sich lediglich als „der verantwortliche Offizier".

Er begann sein Schreiben mit der üblichen, fast stereotypen Bemerkung, daß das MOD UFO-Sichtungen nur dahingehend untersucht, ob eine fremde Macht den britischen Luftraum verletzt hat. Bisher habe aber kein UFO-Bericht derartige Hinweise ergeben. Weiterhin führte er aus, daß es bestimmt rationale Erklärungen für den Vorfall

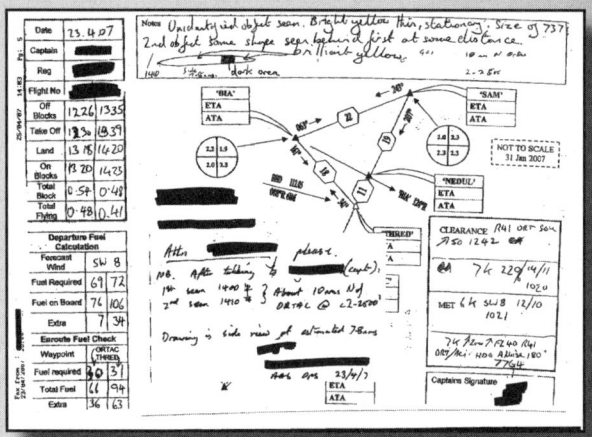

Abb. 87: Air Safety Report des Piloten der Trislander über den Vorfall.

gebe – etwa Naturphänomene oder Positionslichter von Flugzeugen (die ein Pilot eigentlich erkennen sollte und die auch nicht die Größe einer Boeing 737 haben). Es wäre eine Verschwendung von Verteidigungsressourcen, wenn sich das MOD mit so etwas beschäftigen würde. In diesem Fall sei die Sache jedoch untersucht worden. Allerdings habe sich der Vorfall über französischem Luftraum zugetragen, so daß die britische Luftraumüberwachung nicht zuständig sei. Alles natürlich mit gewohnt britischer Höflichkeit abgefaßt.

Verfolgen also die USA und Großbritannien in der Weltraum-verteidigung unterschiedliche Strategien? Hat die Agency, die ja explizit nur US-Interessen repräsentiert, keinen Einfluß auf die Briten? Doch. Sie kann empfehlen, was die Briten denken sollen und welches Forschungsmaterial sie behalten dürfen. Beide Seiten vermeiden peinlich, das Thema Antigravitation auch nur zu berühren, obwohl es im Hintergrund ständig präsent ist. Statt dessen präsentiert die US-Studie eine Liste angeblich notwendiger, relativ konventioneller Waffen, die natürlich gegen eine hypothetische Invasion aus dem All nur begrenzt nutzvoll wären. Die Briten dagegen liefern statistische Auswertungen, deren praktischer Nutzen ähnlich begrenzt sein dürfte.

Diese scheinbaren Gegensätze erweisen sich als sehr praktisch. Um die ganze UFO-Thematik global unter Kontrolle zu behalten, bleiben im Grunde nur zwei Alternativen: Entweder man sagt: *„Ja, es gibt sie, aber habt keine Angst – wenn sie kommen, werden wir gerüstet sein. Vertraut uns und laßt uns nur machen. Alles, was wir von Euch erwarten, ist es, gute Amerikaner zu sein.“* Dies ist der Standpunkt, den die US-Studie vertritt. Bei den Briten heißt es hingegen: *„Ja, es gibt sie, aber sie sind harmlos und damit kein Fall für das Militär. Wenn's Euch interessiert, dann erforscht sie doch selbst.“* Und typisch britisch zuvorkommend gibt man den zivilen Forschern auch gleich noch das passende Untersuchungs-material in die Hand.

Kurz gesagt: Beide Studien bedienen die Bedürfnisse unter-schiedlicher Bevölkerungskreise: Besänftigen oder schockieren (natürlich ebenfalls mit anschließender Besänftigung) – chacun à son goût.

Kehren wir zurück zu unseren Konjunktiven: Wenn es eine Agency gäbe, die im Hintergrund mit dem richtigen Wissen an den richtigen Technologien arbeiten würde, dann gäbe ihr eine solche Doppelstrategie freie Hand, das zu tun, was sie für not-wendig erachtet, ohne durch allzu viele Fragen aus der Öffentlichkeit belästigt zu werden. Dabei spielen Veröffentlichungen wie die UFO-Studie des DI55 eine wichtige Rolle. Sie sorgen für das Gleichgewicht. Es ist illusorisch zu glauben, man könnte die gesamte Bevölkerung unter dem schützenden Dach einer geheimen Agency und ihrer Hochrüstungspläne versammeln. Dafür wird die „Dramaturgie der Angst" doch zu flach gehalten. Schließlich will man in Ruhe arbeiten können, und dazu kann man keine Massenpanik à la Orson Welles gebrauchen.

Welcher Desinformation soll man glauben? Immerhin hat die Desinformation unserer Tage eine neue Qualität gewonnen, und das erfordert auch auf unserer Seite eine neue Strategie. Wie sollen wir mit Desinformationen dieser Art umgehen?

Beide Studien folgen dem alten Grundsatz, daß man eine Lüge am überzeugendsten zwischen zwei Wahrheiten versteckt. Betrachtet man jedoch beide Publikationen als Ganzes, so stellen sie zwei Desinformationen dar. Konsequenterweise sollte dann wieder eine Wahrheit zwischen diesen zwei Lügen versteckt sein!

Fragmente dieser Wahrheit befinden sich fraglos außerhalb der Box. Da wir dorthin keinen Zugang haben, können wir über diese Bruchstücke nur etwas erfahren, wenn sie sich von Zeit zu Zeit von selbst zeigen.

Also – nach oben schauen, beobachten, kritisch bewerten, die exotischsten Technologien in Betracht ziehen und für möglich halten. Die veröffentlichten Dokumente und UFO-Akten aus jedem Land genau studieren. Die Informationen bewerten und dann entweder ablehnen oder benutzen. Man kann schließlich keinen von uns daran hindern, auch außerhalb der Box zu *denken*.

Die Zukunft ist näher als wir ahnen. Sie wird uns nur vorenthalten – bis wir sie erleben.

162

Literatur

Hochzahlen im Text beziehen sich auf die entsprechenden Nummern der Literaturverweise in diesem Verzeichnis.

Fachartikel:

1. Arsentjew, Jewgenij: Гребенников (Grebennikow). evgars.com

2. Bohm, David: A new theory of the relationship of mind and matter. Philosophical Psychology, Vol. 3, No. 2, 1990, pp. 271-286

3. Boldt, Marcus: Das große Lauschen im Orbit. Matrix3000 Band 31, Januar/Februar 2006.

4. Chethik, Frank und *Richard Breen jr.*: High-Gain Conformal Array Antenna. Lockheed Martin Corporation, Bethesda, MD. US-Patent No. 6,961,025 B1. November 2005.

5. Fosar, Grazyna und *Franz Bludorf*: George W. Bush: Der Weltraum gehört Amerika! Neue Weltraumpolitik stellt das Universum faktisch unter US-Kontrolle. Matrix3000 Band 37, Januar/Februar 2007.

6. Fosar, Grazyna und *Franz Bludorf*: Dunkelmaterie erstmals fotografiert. Matrix3000 Band 39, Mai/Juni 2007.

7. Fosar, Grazyna und *Franz Bludorf*: Dunkle Materie verbindet Geist und Stoff. Raum&Zeit Band 147, Mai/Juni 2007.

8. Frolov, Alexander V.: Calculation of the Effect of Many-Cavity Structures (Cell Structures). New Energy Technologies 4:67

9. Gajewski, Waldemar: Latadło Grebiennikowa. Nieznany Świat Nr. 8 / 2007. ISSN 0867-7654. Warszawa 2007

10. Hawking, Stephen: Space and Time Warps. Cambridge 1998.

11. Kretly, L.C. , Cerqueira S, A., Jr., Tavora AS, A.: A hexagonal antenna array prototype for adaptive system application. Microwave & Opt. Dept., State Univ. of Campinas, Brazil. Publiziert in: The 5th International Symposium on Wireless Personal Multimedia Communications, Volume: 2, 2002.

12. Millis, Marc: The Challenge To Create The Space Drive. NASA Glenn Research Center, 1999.

13. *Müller, Hartmut*: Global Scaling – Bauplan des Universums. Matrix3000 Band 35, September/Oktober 2006.

14. *Podkletnov, Eugene E.* und *A. D. Levit:* Gravitation Shielding properties of composite bulk $YBa_2Cu_3O_{7-x}$ superconductor below 70 K under electromagnetic field. Moskau 1995.

15. *Ruquist, Richard*: A Dark Matter Model of Consciousness. Quantum Mind 2003, Tucson 2003.

16. *Townsend Brown, Thomas*: Electrokinetic Apparatus. US Patent 1951.

17. *Townsend Brown, Thomas*: How I Control Gravitation. Psychic Observer 1951.

18. *Yturria, Santiago*: UFOs – Wende in der Informationspolitik. Matrix3000 Band22, Juli/August 2004.

19. *[Ohne Autorenangabe]*: An Anti-Gravity Platform of V. S. Grebennikov. New Energy Technologies 3(22): 58-74 (2005).

20. *[Ohne Autorenangabe]*: Naval Communication Station Harold E Holt (Area A), Exmouth, WA, Australia. Australian Heritage Database, 2002-2007.

Bücher:

21. *Drake, Frank* und *Dava Sobel*: Signale von anderen Welten. Mit dem NASA-SETI-Projekt auf der Suche nach fremden Intelligenzen. Essen 1994.

22. *Einstein, Albert*: Grundzüge der Relativitätstheorie. Berlin / Oxford / Braunschweig 1973.

23. *Engdahl, F. William*: Apokalypse jetzt! Washingtons geheime Geopolitik. Rottenburg 2007.

24. *Fosar, Grazyna* und *Franz Bludorf*: Fehler in der Matrix. Peiting 2003.

25. Fosar, Grazyna und Franz Bludorf: Im Netz der Frequenzen. Peiting 2004.

26. *Fosar, Grazyna* und *Franz Bludorf*: Niemand ist Nobody. Peiting 2006.

27. *Fosar, Grazyna* und *Franz Bludorf*: Terra Incognita. Marktoberdorf 2005.

28. *Fosar, Grazyna* und *Franz Bludorf*: Top Secret Umbra. Die UFO-Geheimakten der NSA. Marktoberdorf 2006.

29. *Fosar, Grazyna* und *Franz Bludorf*: Vernetzte Intelligenz. Die Natur geht online. Aachen 2001.

30. *Fosar, Grazyna* und *Franz Bludorf*: Zaubergesang. Frequenzen zur Wetter- und Gedankenkontrolle. Marktoberdorf 2002.

31. *Grebennikow, Viktor S.:* Мой Мир (Moi Mir). Sovietskaja Sibir. Novosibirsk, 630048. 1997.

32. *Greer, Steven*: Hidden Truth - Forbidden Knowledge. Crozet, Virginia 2006.

33. *Gribbin, John*: Jenseits der Zeit. Experimente mit der 4. Dimension. Essen 1994.

34. *Pope, Nick*: Die UFO-Akte. Die X-Files des britischen Verteidigungsministeriums. München 1998.

35. *[Ohne Autorenangabe]*: Global Scaling. Die Basis ganzheitlicher Naturwissenschaft. Hrsg.: Institut für Raum-Energie-Forschung GmbH in memoriam Leonard Euler. Wolfratshausen 2004.

Videos:

36. *Maussan, Jaime*: Sie sind hier! (Originaltitel: Messages of Coming Change). International UFO Congress, Firestone, Nevada. Deutsche Version auf DVD: Argo-Verlag, Marktoberdorf 2007.

Dokumente und Studien:

37. *Taylor, Travis S., Bob Boan, R. C. Anding, T. Conley Powell*: An Introduction to Planetary Defense. A Study of Modern Warfare Applied to Extra-Terrestrial Invasion. Boca Raton 2006.

38. *[Ohne Autorenangabe]*: Unidentified Aerial Phenomena in the UK Air Defence Region: Executive Summary. Scientific & Technical Memorandum No. 55/2/00. Defence Intelligence Staff. Ministry of Defence. London December 2000.

39. *ebd.*: Unidentified Aerial Phenomena in the UK Air Defence Region: Volume 1. Main Report.

40. *ebd.*: Unidentified Aerial Phenomena in the UK Air Defence Region: Volume 2. Information on Associated Natural & Man-Made Phenomena.

41. *ebd.*: Unidentified Aerial Phenomena in the UK Air Defence Region: Volume 3. Miscellaneous Related Studies.

42. *[Ohne Autorenangabe]*: U.S. National Space Policy. Office of Science and Technology Policy. Executive Office of the President. Washington D.C. 31. 8. 2006.

Über das Buch

Satellitenaufnahmen aus dem Orbit zeigen eine Sensation: Im australischen Outback existiert eine Militärbasis, die exakt in fraktal-hexagonaler Form angelegt ist. Derartige Formen sind der Schlüssel zur Kommunikation mit schnell bewegten Objekten (z. B. im Orbit) und zur Antigravitation. North West Cape und Pine Gap erweisen sich als potentiell offensive Plattformen zur Kommunikation mit Extraterrestriern und zur Weltraumverteidigung.

Antigravitationsforschung ermöglicht Technologien von immenser militärischer Relevanz:

- Antriebssysteme für neuartige Fluggeräte und für die interstellare Raumfahrt,
- perfekte Tarnkappentechnologien,
- Abschirmung gegen Waffensysteme jeder Art,
- Zugang zu fast unerschöpflichen Energieressourcen.

Wer über solches Wissen verfügt, will es nicht mit anderen teilen. Er kann sich so für den Rest der Welt unangreifbar machen.

Die Entwicklung futuristischer Weltraumwaffensysteme erfordert daher eine Doppelstrategie aus strikter Geheimhaltung – selbst vor den eigenen Verbündeten – und dem Aufbau neuer Feindbilder. Man erzeugt eine Dramaturgie der Angst vor einer Bedrohung der Erde aus dem Weltall. Nicht einmal US-Präsidenten sind über die geheimen Strategien voll informiert.

Ob Extraterrestrier tatsächlich eine so große Gefahr für die Erde darstellen, ist umstritten. Eine jüngst veröffentlichte Studie des britischen Militärs präsentiert hierzu neue Fakten. Selbst das Bedrohungsszenario entstammt also den Labors der Antigravitationsstrategen, koordiniert von einer Top-Secret-Agency. Status: Nicht existent!

Über die Autoren

Grazyna Fosar • Franz Bludorf
Autoren der Bestseller „Vernetzte Intelligenz",
„Zaubergesang" und „Fehler in der Matrix"

Grazyna Fosar studierte Physik und Astrophysik, Franz Bludorf Mathematik und Physik. Nach längerer Tätigkeit im Wissenschafts- und Forschungsbereich zusätzlich Ausbildung als Heilpraktiker und Hypnosetherapeuten. Sie wohnen und arbeiten in Berlin.

Schwerpunkte ihrer Forschungsarbeit sind die Post-Quantenphysik des Bewußtseins, Geomantie sowie Umweltbelastungen durch elektromagnetische Frequenzen. Seit 1989 sind sie Herausgeber des Magazins KonteXt. Sie sind Autoren zahlreicher Bücher zu populärwissenschaftlichen und grenzwissenschaftlichen Themen, die in mehrere Sprachen übersetzt wurden:

Niemand ist Nobody • Top Secret Umbra • Terra Incognita • Zeitfalle
• Im Netz der Frequenzen • Fehler in der Matrix • Zaubergesang •
Spektrum der Nacht • Vernetzte Intelligenz • Das Erbe von Avalon •
Resonanz der Psyche • Reif für die Zukunft • Der kosmische Mensch •
Dialog mit dem Unsichtbaren

Grazyna Fosar und Franz Bludorf sind durch zahlreiche Fernseh- und Rundfunkauftritte bekannt (u.a. SAT-1, RTL, TV-Berlin/TV-München, Bayerischer Rundfunk, FAB-Berlin, Sender Freies Berlin, Radio „FRITZ"/SFB, NewsTalk-99,6, BBC-Inforadio). Franz Bludorf ist seit Dezember 2004 Chefredakteur der Zeitschrift Matrix3000, Grazyna Fosar leitet dort die Ressorts Wissenschaft und Grenzwissenschaft. Darüber hinaus publizieren sie regelmäßig Artikel in weiteren Zeitschriften (u.a. Raum&Zeit, Magazin2000plus).

Auf der Internet-Site der Autoren finden Sie eine Vielzahl von Informationen, die weit über die Themen dieses Buches hinausgehen.

Kontakt zu den Autoren:
Grazyna Fosar • Franz Bludorf • Postfach 242 • D-12112 Berlin
Fax: 030-79 01 48 94 • E-Mail: mail@fosar-bludorf.com •
Internet: www.fosar-bludorf.com

Register

Michaels Verlag & Vertrieb GmbH
Ammergauer Str. 80 – D-86971 Peiting, Tel.: 08861-59018
Fax: 08861-67091, e-mail: mvv@michaelsverlag.de
Internet: www.michaelsverlag.de

MICHAELS VERLAG & VERTRIEB

Grazyna Fosar / Franz Bludorf

Fehler in der Matrix

ISBN 978-3-89539-236-8, € 24,80

Die Matrix ist allgegenwärtig. Die Realität, die wir erleben, ist ein Produkt der Matrix.
In ihrem aufsehenerregenden Sachbuch konfrontieren die Autoren ihre Leser mit verblüffenden Fakten. Der Bogen ist weit gespannt - von neuesten Erkenntnissen in Kosmologie und Atomphysik über die umstrittenen Forschungen in den Bereichen Genetik, Klonen und Nanotechnologie bis hin zur Chaosforschung, die endgültig den wahren Charakter der Matrix enthüllt.

Grazyna Fosar / Franz Bludorf

Zeitfalle

ISBN 978-3-89539-386-0, € 24,80

Wir stecken in einer Zeitfalle. Als Individuen über unsere DNA, als Menschheit über den Code der Menschheitsgeschichte. Die Zeit verbindet alle Themen dieses Buches. Die Ereignisse von Fatima programmierten die Weltgeschichte des 20. und 21. Jahrhunderts. Eine Schlüsselrolle spielt der Papst. Neue, bislang unbekannte Fakten.

Grazyna Fosar / Franz Bludorf

Im Netz der Frequenzen

ISBN 978-3-89539-237-5, € 18,80

Welche Frequenzen wirken auf uns, und wie kann man sie unterscheiden?
Elektromagnetische Belastungen durch Störquellen: Mobilfunk, militärische Anlagen, Haushaltsgeräte, Unterhaltungselektronik, Überwachungstechnik, Brummtöne, Mind Control u.v.m.
Spektakuläre Beispiele, aktuelle Tipps und Antworten auf viele häufig gestellte Fragen. Ein einzigartiges Kompendium zum Lesen und Nachschlagen.

Michaels Verlag & Vertrieb GmbH
Ammergauer Str. 80 – D-86971 Peiting, Tel.: 08861-59018
Fax: 08861-67091, e-mail: mvv@michaelsverlag.de
Internet: www.michaelsverlag.de

Grazyna Fosar / Franz Bludorf
Niemand ist Nobody
ISBN 978-3-89539-387-7, € 24,80
Das große Buch der Reinkarnation. Wir alle tragen
Informationen über frühere Ereignisse, Gefühle und
Emotionen in uns.Es ist unsere Aufgabe, aus diesen
Grundlagen eine neue und selbstbewußte Persön-
lichkeit zu entwickeln. Bei den meisten Menschen
geschieht das vollkommen unbewußt. Andere versu-
chen, sich dieser Informationen bewußt zu werden.
Doch wir sind nicht derselbe, der wir einmal gewesen
sind. Jeder Mensch ist einmalig und unwiederholbar.

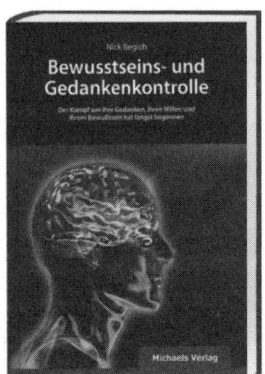

Nick Begich
Bewußtseins- und Gedankenkontrolle
ISBN 978-3-89539-383-9, € 25,80
Das aktuellste Buch von Nick Begich handelt von der
Manipulation des Verstandes, der Gefühle und der
körperlichen Gesundheit von Menschen durch neue
angewandte Technologien. In einer gewaltigen Fülle
trägt er die aktuellsten wissenschaftlichen Erkenntnisse in dem Bereich zusammen. Immer mehr Menschen
sind Manipulation und Kontrolle ausgesetzt. Ein
Buch, das wach macht, das wütend macht, aber auch
Stärke vermittelt.

Nick Begich
Freiheit leben - Verrat an Wissenschaft, Gesellschaft und Seele
ISBN 978-3-89539-382-2, € 26,80
Themen dieses Buches: Neue Unterwassersonare,
die vom Militär der USA für den Einsatz geplant
sind, Mobiltelefone und ihre Risiken für Menschen,
weitere Informationssysteme und damit verwandte
Technologien und schließlich eine Diskussion über
die Auslöschung unserer persönlichen Privatsphäre.

Michaels Verlag & Vertrieb GmbH
Ammergauer Str. 80 – D-86971 Peiting, Tel.: 08861-59018
Fax: 08861-67091, e-mail: mvv@michaelsverlag.de
Internet: www.michaelsverlag.de

MICHAELS VERLAG & VERTRIEB

Matrix3000

Das Magazin für neues Denken

Einzelheft: € 6,50 - Abo Inland (6 Ausg.): € 39,00 - Abo Ausland (6 Ausg.): € 48,00

Erklärtes Ziel von Matrix3000 ist es, eine verbindende Brücke zu bauen zwischen Wissenschaft, Spiritualität, Politik und Kultur und den Horizont für neue Erkenntnisse zu öffnen.

Neue Wissenschaft: Antigravitation, Mobilfunk, Freie Energie, Kosmologie, Tesla, HAARP, Flanagan-Forschung, Phänomene u. v. m.

Politik und Macht: Bewußtseinskontrolle, Strahlenopfer, Menschen- und Bürgerrechte, Zinswirtschaft, Bilderberger, Skull&Bones, Illuminaten, 11. September, Überwachungsstaat u.v.m.

Therapie und Gesundheit: Radionik, Germanium, Ecotherapie, Familienaufstellungen, Impfen, Homöopathie, Klangtherapie, Megamin, Ritalin usw.

Kulturelle Wurzeln: Edda, Mayaforschung, Keltenschanzen, Schamanismus, Ägypten, Sumer, Templer, Geheimwissen der Gotik u. v. m.

Bewußtsein und Spiritualität: Meditation, christliche Hermetik, heilige Geometrie, Weltreligionen, Geomantie usw.

Namhafte Autoren schreiben für Matrix3000, u.a.: Franz Alt, Alan E. Baklayan, Franz Bludorf, Hardy Burbaum, Jo Conrad, Rüdiger Dahlke, Viktor Farkas, Grazyna Fosar, Gernot Geise, Elmar R. Gruber, Wilfried Hacheney, Jonathan May, Ernst Meckelburg, Andreas von Rétyi, Armin Risi, Thomas Ritter, Roland Roth, Peter Scholl-Latour, Rupert Sheldrake, Kurt Tepperwein, Gerhard Wisnewski, Hans-Joachim Zillmer